ビジネスパーソンのための「言語技術」超入門

プレゼン・レポート・交渉の必勝法

三森ゆりか
つくば言語技術教育研究所所長

717
中公新書ラクレ

はじめに

言語技術は大変役に立っております。その理由は、端的な情報伝達と論理的思考力、そしてストレス耐性の三つを獲得できたからです。

一つ目は、必要な情報を相手に明瞭に正確にお伝えするスキルが言語技術により身に付きました。私の仕事の基本業務は、医師に対しての情報提供、あるいは彼らからの情報収集です。医師は基本的に大変多忙であるため、限られた時間で必要な情報を正確にお伝えする必要があります。そうした条件の中で、情報を大枠から細分化して行き、短時間で正しく情報を伝えることが私にはできています。これは空間配列の考え方の応用です。

二つ目は、論理的思考力が身に付きました。業務の中では日々課題と問題に直面し、それをいかにして解決していくかが求められております。一見大きく見える課題でも、深掘りし、日々の活動に落とし込んでいくことで解決策が見えてきます。そのような過程で何に原因があるのか、どのような対策を、誰にいつまでに実施することでどのような成果が期待できるのかなど、6W1Hの視点と論理的な思考を持つことは重要です。

三つ目は、ストレス耐性が身に付きました。この点が現代のビジネスマンにとっては最も重要かもしれません。これは私見ですがストレスは解消するものではなく、解決するものだと私は考えております。多くの方は、「どうすればいいか分からない」、あるいは「どうにもならない」といった状況に陥ることで強いストレスを感じているように私は思います。しかし「どうすればいいか分からない」ことも解決の道筋を立てることができれば、後は行動するだけだと私は考えています。ストレスの原因が何なのか、どのような対策を実施することでそれを解消できるのか、論理的に考えて行動することはストレスに強くなるという点で重要だと私は考えています。時には会社から無理難題を与えられることもあります。しかし、論理的に不可能であれば無理だと腹をくくり、論理的に可能なゴールを自身で設定することも、他の業務に注力することもできるはずです。

多くの企業や協会、学校などから依頼があり、三森先生が言語技術をご指導されているということは、やはり言語技術には潜在的な強いニーズがあるからではないでしょうか。潜在的と申し上げたのは、「人は考える際に必ず言語を使う」という当たり前の事実に目を向けていない方が多い、と私は考えているからです。「考え方」という概念自体を「言葉を使うスキル」として具体的に身に付けていくことは、日々ＰＤＣＡサイクル（Plan〈計画を立てる〉→do〈計画を実行する〉→check〈行動を評価する〉→action〈改善して次に繋げる〉）を回し、問題解決に取り組むビジネスマンにとっては非常に重要なスキルです。

本書の始めの言葉として、これ以上ふさわしい文章はない。なぜならこれは、言語技術を教育として受け、現在企業で働く一人の元生徒が、学習し、獲得した技能を実社会でどのように活用しているかを具体的に報告してくれたものだからである。幸いにも三十年以上にわたり積み上げてきた地道な活動の結果、筆者が蒔いてきた言語技術の種は、未だ頼りなげながらも根を張り、若々しい緑の葉を広げ始めている。そこで本書の入り口にあたるこの数頁では、学校の授業として言語技術教育を受けた若者が社会人生活の中で実感したその有効性、企業が興味を持つ理由、そしてスポーツ業界が重視する理由、この三点に言及し、本文への導入とする。

一点目は、現在企業で働く元教え子が、就職活動、並びに現在の業務において彼自身が実感した言語技術の有効性である。現在、大手製薬会社のMR（医薬情報担当者）として多忙な日々を送るY君が送信してくれた報告については、彼の実感が率直に伝わるように、筆者がまとめずにそのまま冒頭に紹介した。

彼は、中学高等学校の時に学校の授業の一環として四年間言語技術を学び、さらに大学時代の四年間、筆者が所長を務めるつくば言語技術教育研究所が主催する教員研修や、スポーツ団体、その他様々な企業での研修において、補助学生として手伝ってくれた。その後の就職活動でも彼は非常に好調で、縁故も先輩のリクルートもない状況で、現在働く企業に短期間で内定したばかりでなく、他の企業についても全て内定を勝ち取った。中高時代の四年間に教科「言語技術」の中で筆者が彼に課したのは、6W1H（when, where, who, what, why, what for, how）を駆使して多方向から分析的・批判的に視覚情報や文章などのデータを検討すること、矢継ぎ早な筆者の問いかけに即座にわかりやすく考えを提示すること、そして型に則って大量の作文を書くことだった。その結果として、彼にはエントリーシートのためのハウツー本は必要なく、「自己分析」には、「絵の分析」や「テクスト分析」で培ったスキルを応用し、いわゆる「圧迫面接」と呼ばれる面接官からの質問は、緊張はしたものの事柄に対する掘り下げに過ぎないと冷静に受け止めることができたそうである。彼にとっては、十三歳の時から四年間受けた筆者の授業における「正論理詰めの質問のほうが怖かった」（本人弁）そうである。何しろ、筆者の授業では、「微妙」「なんとなく」「わからない」が禁止用語だった上、生徒がうっかり適当に返答しようものなら即座に「どこがどのようにそうなのか具体的に言ってみて」「なぜそう考えるの？　その理由は？」と、にっこり笑顔で返され、さらにはそこから6W1Hの質問が降ってきたからだそうである。彼ら生徒達にとって、怒鳴られはしないけれど、言い逃れが通用せず、質問による追及を受けることは「怖かった」一方で「刺激的でおもしろくもあった」という。このような授業を学校で四年間経験し、さらにその後は研修等で客観的に観て学んだ彼は、就職の面接時に、「頭の回転が非常に速く、どのような質問にも的確に答えられる」という評価を面接官から得たとも言う。このように書くと、彼がいかにも優秀な生徒だったように思えることであろう。しかし、中高時代の彼は勉強よりも部活動に熱心なごく普通の生徒であり、彼が本当の意味で言語技術に必死に取り組んだのは、志望大学合格のための小論文対策のためだった。

彼以外にも元生徒達は、大手銀行、広告代理店、商社、外資系のコンサルタント会社、医師など、様々な職種に就いている。彼らから共通して出てくるのは、日々の業務の中での質疑応答や情報の分析と整理分類、それに基づくプレゼンテーションや書類作成において言語技術が最も役立つ教科だったという評価である。やんちゃな中高生時代の彼らと日々を共にし、彼らの言葉の教育を担った筆者にとって、彼らの社会での活躍は何よりも嬉しい褒め言葉である。

先のY君は、就職活動の際にエントリーシートに言語技術について記述し、面接時には現在彼が勤務する企業の採用担当者達がそれに大いに興味を持ち、質問内容は言語技術にほぼ終始したそうである。これが二点目、企業が興味を持つ理由である。すなわち企業が求めるのは、情報を分析して整理分類し、口頭、並びに記述でわかりやすく論理的に提示する高い母語能力を持つ人材だということである。

弊所は、元々学校での教育をその目的としているため、企業研修は視野の外にあり、従って営業活動をしたことがない。ところがそのような弊所に対して、様々な企業から研修依頼の声がかかり、むしろそうした企業の担当者達の意識のほうが学校現場の人々のそれよりも遥かに高く、そしてその求めはより切実で真摯である。彼らの依頼理由は概ね共通しており、それは巷《ちまた》に存在する様々な研修には、根本的、かつ基礎的な部分が欠落しており、それらの訓練を積まない限り、本当の意味で業務に不可欠なスキルは身に付かないという研修担当者達の実感である。言語技術は、欧米で小学校から高校までの十二年間に指導される基本的な言語教育であり、大学や大学院等では、その土台を元に研究やビジネス等に特化した種々のスキルが指導されていることを筆者が研修担当者達に説明すると、彼らは大いに納得し、そしてますます言語技術に興味を示す。

弊所がこれまで請け負ってきたのは、人材育成に熱心な大手企業からの依頼が多い。

東日本旅客鉄道株式会社（JR東日本）、西日本旅客鉄道株式会社（JR西日本）、SMBCラーニングサポート株式会社、AGC株式会社、日本航空株式会社（JAL）、日本板硝子株式会社、ソニー株式会社、株式会社みずほコーポレート銀行、株式会社明治、オリンパス株式会社、株式会社リコー、日本電気株式会社（NEC）、株式会社フジドリームエアラインズ、東京都……

なかでもJR東日本、JR西日本、SMBCラーニングサポート、AGC、日本航空（二〇一九年に終了）は、社内インストラクターを育成し、自ら言葉の教育の展開に乗り出している。例えば、JR東日本は、鉄道事業本部の中に弊所の研修を受講した「ことばの力インストラクター」を複数配置し、精力的で積極的な研修活動を展開している。同社が言語技術を採用したのは、一言で言えば乗務員と指令員との間の意思疎通時に発生する諸問題を改善し、支障なく日々の業務を遂行し、交通系の企業に求められる安全性を担保するためである。

ところで、社内で発生する様々な問題への対処のために言語技術の導入を決定したり、あるいは弊所に研修を依頼してきたりする企業の方々と話をする際に必ず話題となるのが、高い言語技術能力を持つ社員こそ採用したいという彼らの本音である。企業が欲するのは、カタカナの概念としてのロジカル・シンキングやクリティカル・シンキングを知っているだけでなく、それらを活用して考察し、わかりやすく口頭や記述で表現できる人材である。言語技術が当たり前に母語教育の中で実施され、それに基づいて全教科が指導される欧米では、大学や大学院、あるいは企業において、さらに研究や仕事の必要性に特化してそれぞれの技能を強化すれば良い。ところが日本の学校には実態のない国語教育しかなく、その結果の喫緊の改善を迫られるのが企業なのである。

三点目は、一見言葉の指導とは最も遠そうなスポーツ界がいち早く言葉の重要性に気づき、その訓練に乗り出したことである。筆者が言語技術を指導しているのは、主に各種競技の中心にある協会、すなわち日本オリンピック委員会（ＪＯＣ）、日本サッカー協会（ＪＦＡ）、日本テニス協会、日本バスケットボール協会などで、それ以外に、そのような協会等で受講したコーチの方々から依頼がある場合もあり、その中で定期的な実施に至ったのが、ＪＯＣエリートアカデミーと、松岡修造氏のプロジェクト「修造チャレンジ」である。ＪＯＣや各種協会では、主に監督やコーチ陣、ＪＯＣエリートアカデミーや修造チャレンジでは、主に国内トップレベルの小学生から高校生が指導の対象である。このような団体での指導の目的は、自立して論理的、分析的に思考のできる選手の育成であり、そのために不可欠な言葉の技術を指導者経由で選手に教えようとするものである。スポーツ界では、日本でこれまで伝統的に実施されてきた指導者主導のコーチングが世界に通用する選手育成に不向きであるとの自覚が拡がり、その是正を目指して開始されたものの一つが言語技術である。十五年ほど前の開始当初、スポーツ団体での研修はコーチ達からの反発が強く、毎回悪戦苦闘を強いられる状況だった。しかし現在、言語技術の認知度は上がり、コーチングやチーム環境の改善、選手自身の変容が成果として報告されるようになってきた。言葉の教育から最も遠そうなスポーツという分野であるからこそ、その効果が逆に明白な形で表れたのかもしれない。

結論として、根本的な人材育成を担う教育現場で十分な言語技術の指導を供給できるようになれば、企業やスポーツ界の需要が満たされるばかりでなく、無駄な研修費の節約にも繋がるに違いない。大切なのは実践であり、それを確実に身に付けるためのメソッドである。簡潔ながら言語技術のメソッドの一部を示したのが本書であり、これが少しでも読者の皆さまに役立ち、日本の母語教育に変化を生じさせるきっかけになること、それが教育現場への言語技術教育導入に情熱を傾けてきた筆者の心からの願いである。

目次

図表作成／ケー・アイ・プランニング
本文ＤＴＰ／今井明子

ビジネスパーソンのための「言語技術」超入門

プレゼン・レポート・交渉の必勝法

第1章

言語技術
＝グローバルスタンダードな母語教育

1　指導開始のきっかけ

日本の国語教育に抜本的な改革が施されなければ、日本人は国際的に対応できないのではないかという素朴な疑問が、三十五年ほど前に筆者が言語技術教育に着手したきっかけだった。国際的な対応といえば、通常誰もが思い浮かべるのが英語力であろう。しかしながら、通常の日本人にとって母語は日本語であり、英語は第二言語となる。母語でできないことが、それ以外の言語で可能なのか。実はこの問いに対する答えが否定的であるという筆者自身の経験が、言語技術を日本語で指導する道を筆者に選択させた。

言語技術は、英語をはじめとする欧米言語圏でごく当たり前に母語教育として指導されるものであり、多くの国々がその内容や方法を共有する。それを身に付けずに中学二年生で新聞記者の父親の赴任に伴い当時の西ドイツの首都ボンにあった外国人受け入れ指定校のギムナジウム（日本の五年生から大学一年生の年齢にあたる生徒が在籍する大学進学校）に転校した筆者は、そこでの勉強にたいそう苦戦した。日本の教科の中で最も得意とし、苦労をしたことがなかった「国語」の能力や技術はほとんど役に立たなかった。一方で、欧米言語圏から来た同級生達がある程度のドイツ語力を身に付けると、課題図書の読解や作文に問題なく取り組めることが当時の筆者には不思議でならなかった。彼らがその母語教育の中で言葉の技術を共有しているらしいことに筆者が初めて気づいたのは、大学卒業後に商社に勤務した時だった。

こうした経験を通して筆者が行き着いたのが、母語教育である「国語」で、世界の多くの国々で共有される言語技術を指導することである。ある種のインターナショナルスクールの様相を呈していた西ドイツのギムナジウムで全く歯が立たなかった日本の「国語」に、欧米言語圏型の言語教育である「言語技術」を加えれば、日本人は英語を身に付ける以前に、母語である日本語でも国際的に通用する考え方や言葉の用い方を身に付けることができ、そうなれば英語などの世界共通言語への応用が楽になるのではないか。この仮説を元に始めた取り組みは、指導した生徒達などを通して徐々に証明されつつある。

2　言語技術とはなにか

言語技術とは、英語の Language Arts の訳語であり、それは文字から語彙、綴り方、文法、そして聞き方、話し方、読み方、書き方、考え方までを包括的に含む、言葉を操るための全ての技術の総称である。これは、古代ギリシャ発祥のイソクラテス・メソッドに端を発する言葉の効果的な利用を目的とする方法であるため、ギリシャ文化の恩恵を受けた欧米やその周囲の言語文化圏に影響を与え、長い年月の間に体系化され、現在に至っている。その結果、世界の多くの国々で母語教育のカリキュラムとその内容がほぼ共有されている。つまり、アメリカでもアルゼンチンでもフランスでもドイツでも、教科「国語」の中身は言語技術であり、それはちょうど、言語が異なっても数学のカリキュラムの組み立てや解き方が共有されているのと同じようなことである。筆者自身も、母語教育のカリキュラムや内容、指導法を確認すべく、これまでドイツ（三回）、イギリス（二回）、カナダ（二回）、スイス、デンマーク、アメリカ、スペイン、フランスなどの各国の学校をそれぞれ二週間程度ずつ訪問し、教育現場での指導の実際を視察してきた。その結果明らかになったのは、いずれの国の母語教育もやはりその組み立てや内容に大きな差異はなく、どの国でも母語教育が非常に重視され、週に五時間程度、徹底的に読み、議論し、記述する訓練がなされていることである。そして、この言葉の技術教育の目的は、幼稚園から高校までの長期にわたる訓練の末、最終的にはそれぞれの技術が有機的に絡み合い、汎用的能力として社会で機能することである。

日本の国語教育でも言語技術の一部は実施されており、特に近年は論理的思考の育成が重視されるようになったため、国語の教科書には言語技術的な要素が増加している。しかしながら体系化されたカリキュラムが存在しないので、教科書により取り上げられ方、回数、実施方法などがまちまちで統一されていない。このような日本で、言語技術について言及された最も古い書物は、筆者の知る限り『講座　日本語Ⅳ　日本人の言語生活』で、その発行は昭和三十年である。父の書棚に長いこと埋もれていたこの書物において、言語技術は次のように定義されている。

言語技術　ゲンゴギジュツ　language arts　ある目的のために言語を効果的に使いこなす技術。人間がコミュニケーションの手段として言語を用いることのできる力を言語能力（language ability）といい、それは、（1）理解・受容する能力（a　聞く能力、b　読む能力）、（2）表現・発表する能力（c　話す能力、d　書く能力）というふうに分けられるが、これらのそれぞれの能力を、その場の目的に応じて能率的に使用する技術をいう。この場合の技術（technique）は、単なる手先のわざという意味ではなく、わざをおこなう主体たる個人の人格（personality）・知識・態度までも含めた総合的な力をさしている。したがって、言語技術などということは浅薄な口さきの器用さにすぎないといやしめるのはまちがいであり、言語生活を高めるうえにぜひとも必要なものと考えるべきである。（引用１）

この記述からも明らかなように、日本では言葉の「技術」が嫌われ、筆者自身もしばしば「技術は心を育てない。言葉の型を教えるとロボットのように誰もが同じことを考えるようになる」という批判を受けてきた。それが恐らくは、言語技術が日本の母語教育に浸透しなかった理由であろう。しかしながら、言語技術は単なる訳語に過ぎず、元々は言葉を操るための「約束や原則や作法や態度」（引用２）までをも含む総合的な体系であり、決して小手先の技術でも型でもない。

こうした欧米型の母語教育については、作家の辻仁成氏がエッセイ「フランスの国語教育」において、それが「浅薄な口先の器用さにすぎないといやしめる」べきものでないことを証明している。氏は子息のフランスにおける国語教育を紹介する中で、同国では「子供たちを文学の中に置き」、「フランス語の授業では徹底的に、フランスの作家の作品からフランス語的言語感覚」を指導し、さらには、「フランス語だけに限らず、哲学、歴史や地理、驚くべきことに数学の試験までが小論文形式」で、言ってみれば「三六〇度、子供たちをフランス語とフランス文学が包囲している」(引用3)と述べている。この氏の指摘は、フランスに限らず、ドイツやイギリス、スイスやデンマーク、カナダやアメリカでも全く同じである。言語技術とは要するに、単なる小手先の技術を指導する科目ではなく、言葉と教養とを育む、教育において最も重要な科目なのである。

3　言語技術の体系

言語技術とは、大まかに言えば人間形成の核を担う言語を、子どもの発達段階に応じてスキルを積み上げさせ、最終的に社会で役立つ人間として育成すべく体系化された言葉の教育である。

言語技術の目標は、大きく四つある(表1－1)。

①　自立してクリティカル・シンキングができるようにすること
②　①を用いて自立して問題解決する能力を育成すること

表１－１　言語技術の目標

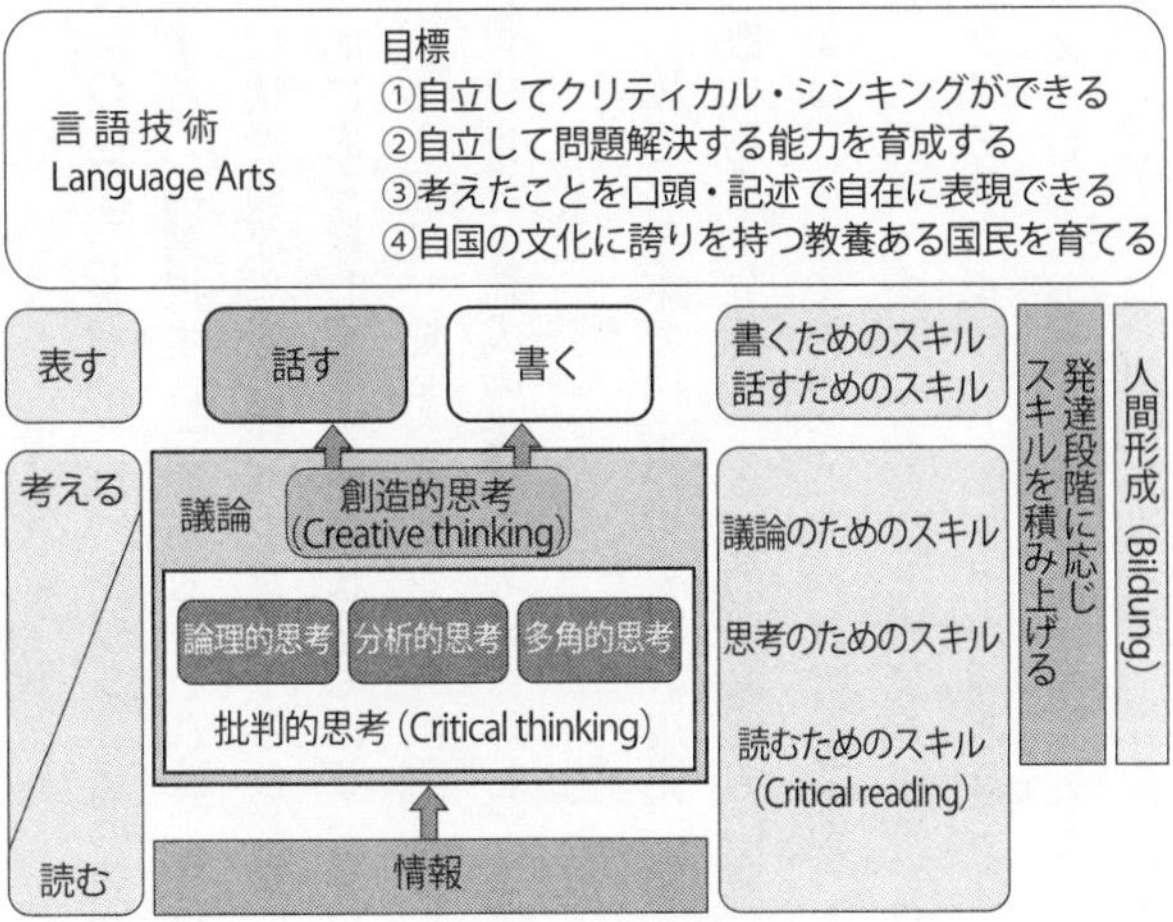

③考えたことを口頭・記述で自在に表現できるようにすること

④自国の文化に誇りを持つ教養ある国民を育てること

これらの目標達成のために十二年間でなされるのは、まずは子ども達に与えた教材等に対して、たくさんの質問を浴びせてクリティカル・シンキング（Critical thinking）をする機会を与えることである。この概念は、「批判的」と訳されているため、しばしば否定的で、重箱の隅を突《つっ》くように間違い探しをする考え方と捉えられることが多い。この概念は、本家本元の英語圏でも誤解が生じやすいため、取り出して説明されることがある。

Critical（批判的）は、ギリシャ語の語彙kreinから来たもので、その意味は「分離する」、「選択する」である。それは、意識的、意図的に問いを立てることを意味し、特に懐疑的な思考の状態を意味する。しかし、懐疑的な思考状態とは、否定的、自己満足的にあら探しをする思考状態ではない。むしろその反対である。なぜなら批判的思考をする人間は、健全な結論を導き出すことを願うからである。彼らは自分の仮説や証拠、自分自身や他人の全ての考えに対して懐疑的な考え方を適用する。(引用4)

この概念は日本では未だビジネス用語であるが、欧米では教育用語であり、小学校一年生から既に物事を分析的、多角的、論理的に検討し、批判的に考察することが求められる。その対象は、絵本であったり、一枚の絵であったり、算数であったり、遊びの内容であったり、友達との関係であったりと、その発達年齢で理解し、考えられる事柄が扱われ、その年齢なりのクリティカル・シンキングができるように働きかけがなされるのである。

考える行為においてもう一つ重視されているのがクリエイティブ・シンキング（Creative thinking）、すなわち創造的思考で、皆と同じ考えにならないこと、誰のまねでもない独自の考えを持つことが推奨される。つまり、皆と同じ考えしか持てないこと、あるいは例えば有名な評論家の受け売りの意見は評価の対象とはならない。

さらに、情報の取り込み、すなわちものを見たり、聞いたり、読んだりし、そして頭の中で考え、整理したことは、そのまま放置しても意味がないため、それを有効に表出するための方法として、話すためのスキルと書くためのスキルが指導される。その結果が、先の辻仁成氏の指摘通り、どのような教科においても小論文形式で問いに答えることに繋がっていくのである。

次頁の表1－2「言語技術の概念チャート」は、先の表を三つの段階《ステージ》にわかりやすく分解したもので、第一段階《ステージ》が情報の入力（インプット）、第二段階《ステージ》が思考（クリティカル・シンキング）、そして第三段階《ステージ》が情報の出力（アウトプット）、すなわち表現となる。重要なのは、第二段階でのクリティカル・シンキング／リーディングの手法に基づくデータの整理分類と考察の方法が身に付いていると、第一段階での情報の受け入れ時点から、最適な手法に基づいてそれらの選別や順序立て、観点の当てはめ等が開始されることであり、さらには、第二段階が機能すれば、そこから速やかに最も妥当な形でのアウトプット方法に繋がっていくことである。例えば、曖昧《あいまい》で中途半端な意見が聞こえてくれば（第一段階）、それに対して頭

表1-2 言語技術の概念チャート

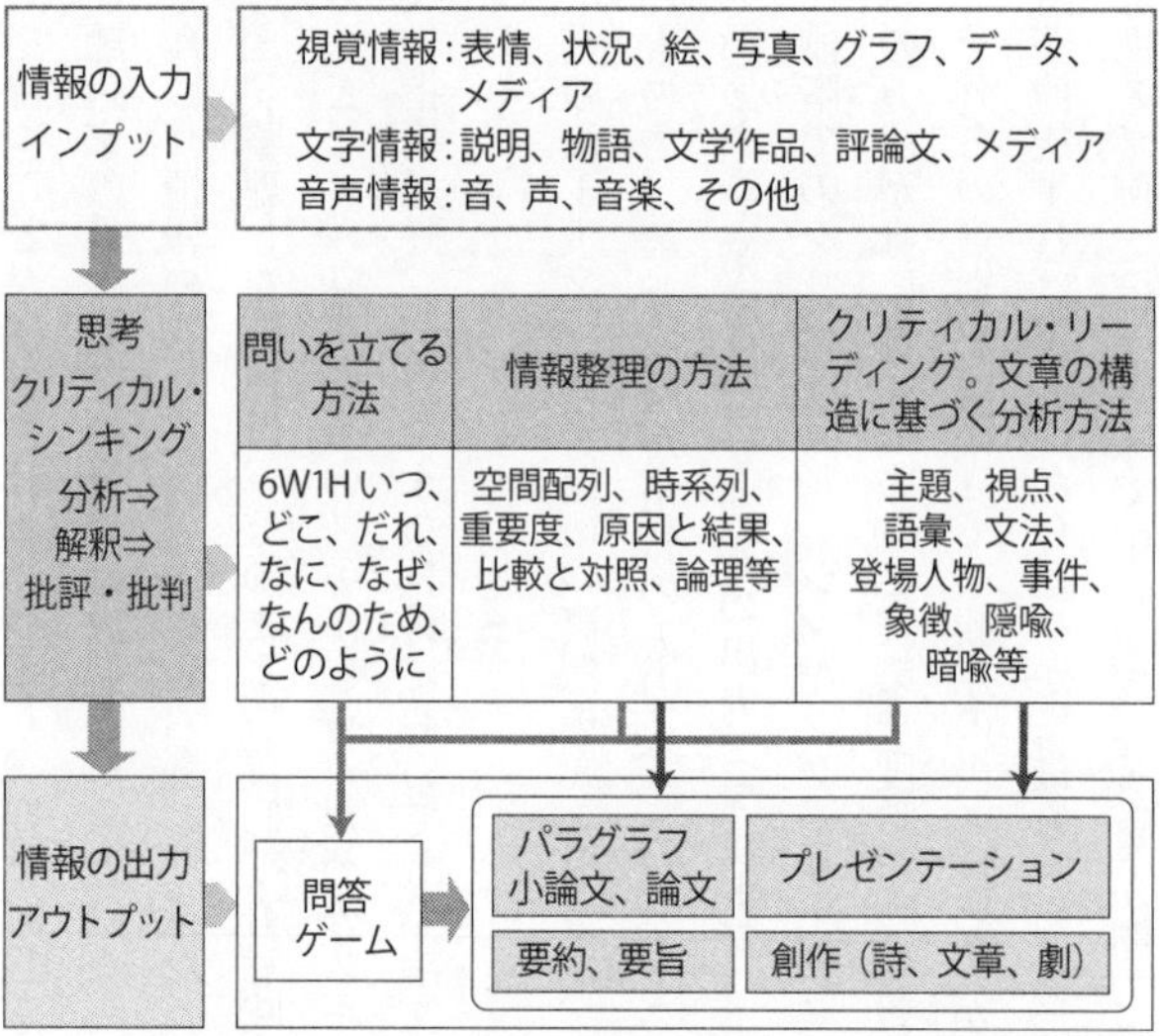

の中で6W1Hの問いが立ち（第二段階）、それが即座に第三段階の具体的な質問に繋がっていく。あるいは、ある視覚情報を描写する必要があれば、それが入ってきた段階（第一段階）で即座に空間配列に基づく情報整理（第二段階）が開始され、結果はパラグラフという形式での表現（第三段階）に繋がる。さらにはまた、ある写真を目で捉えた途端（第一段階）にクリティカル・リーディングの手法に基づく分析が開始され（第二段階）、それがまたパラグラフ形式での表現（第三段階）に発展する。同じように情報を受け取っても、それをどう処理すべきか

表１－３　ドイツの母語教育の体系

学年	学校	聞く・話す			読む	書く
13	ギムナジウム	大学入試のための試験準備				
12		議論	ディベート	プレゼンテーション・発表	テクストの分析と批判 Critical reading メディア 絵画 映画 評論文 説明文 長編小説 短編小説 超短編小説 戯曲 詩 物語 要約（7~8年生） 物語の構造 （5~6年生）	論文・小論文 レポート 論証文・意見文 比較と対照 原因と結果 分析文・要約文 アピール 議事録 報告文・描写文 説明文・記録文 物語
11						
10						
9						
8						
7						
6						
5						
4	基礎学校					説明文 物語 再話
3						
2						
1						

ドイツの母語教育の体系

わからず、考えをなかなかまとめられない状態と比較すれば、それがどれほど重要な能力であるかは言わずもがなであろう。

この表１－２に示したフローチャートが自動的に働くようにするために、言語技術を実施する国々では母語教育の指導内容を体系化し、週に五時間程度の時間数で十二年間かけて積み上げる。それを具体的に示したのが表１－３「ドイツの母語教育の体系」(引用５)で、これはドイツの大学進学課程（ギムナジウム）の母語教育の体系を、主に「聞く・話す、読む、書く」の言語の四機能に絞ってまとめたものである。

母語教育の授業は、先のチャートの第二、第三段階の能力を獲得させるために、極めて具体的な方法論の指導となる。以下は表1－3に基づく、各機能に関わる説明である。（言語技術教育実施国の母語教育の内容はいずれも似通っており、どの国にも国、あるいは州単位の体系的なカリキュラムが存在する。しかしながら必ずしも教科書が存在するわけではなく、例えばイギリスにはナショナルカリキュラムは存在するが、教科書はなく、各学校の教員はカリキュラムに従って自ら教材を探し、あるいは作成し、授業を組み立てていくことになる。これに対し、ドイツは州ごとのカリキュラムに基づいた教科書が存在する。）

(1) 聞く・話す

言語技術教育実施国では、教師が一方的に話す講義型授業は極めて少なく、双方向対話型が一般的である。この種の授業では、教師の授業に対し児童、生徒、学生は常に相手の話を注意深く分析的、批判的、つまりクリティカル・シンキングをしながら傾聴することが求められ、少しでも曖昧なこと、納得できないことがあれば彼らはすぐに反応し、意見を求められれば即座に挙手をして発言をする。こうした対応は生徒達にとって学校での成績に直結する。というのも、言語技術教育実施国では、授業への参加度が成績評価の対象に含まれ、ペーパーテストの結果のみで高成績がつくことはないからである。このような授業ではまた、居眠りはおろか、発言がないことも問題外である。

「聞く・話す」の技能については、対話の発展系として議論とディベートの指導がある。後者については、例えばイギリスでは六年生から指導が開始され、学年が上がるにつれて課題が高度になる。筆者が二〇一九年に視察したウィンブルドンの女子校の六年生が取り組んでいた題目は、「文章において句読点と文法は関係があるか」というもので、六週間の計画のうち四週目を迎えた生徒達が賛成と反対、さらに判定に分かれて見事なディベートを展開していた。生徒達はそれぞれの立論についてはあらかじめカードなどに要点を記入して準備していた。しかし、相手の立論を受けての主張についてもその場で判断して速い速度で展開することができており、判定のコメントも的を射ていた。教師は終了後にそれぞれの生徒の話し方の速度（速度が非常に重視される）や表情、動作、内容などについて鋭い指摘を与えていた。

彼らがこれまで行ってきた題目は次のようなものである。

- 生徒には宿題を出してはならない
- 郊外での暮らしは都会での暮らしよりも良い

教師は最後に、次回の題目を彼らに与え、立論者を募った。すると参加者のほぼ全員が積極的に挙手をし、あっという間に担当が決定した。次の題目は、「イギリスの学校は七歳で開始すべきである（同国での教育開始年齢は四歳）」というもので、見学していた筆者が日本の開始年齢を伝えると、比較対象として可能なら日本のそれも調べてみるように、と教師は生徒達に指示を出し、授業は終了した。

「話す」についてはまた、発表の発展系として、パワーポイントなどを用いたプレゼンテーションの指導があり、これも小学校の年代から開始される。筆者が視察したいずれの国でも生徒達がコンピュータに向かってパワーポイントを作成する授業が行われていた。

（2） 読む

「読む」作業は、英語ではクリティカル・リーディング（Critical reading）と呼ばれ、読むための観点に基づき、6W1Hの問いを立てながら文章を分析して解釈し、その結果に基づいて批判的な考察をすることを意味する。この読みの作業は、クリティカル・シンキングとほとんど同義で、母語教育におけるその対象はまずなんといっても文学作品である。そこには絵本や単純な物語から、詩、戯曲、超短編小説、短編小説、長編小説、また絵画や映画などが網羅される。評論文や新聞記事、データなどもむろん読みの対象ではあるものの、それは母語教育というよりはむしろ現代社会や歴史、哲学などの他の教科で扱われる。メディアリテラシー（情報リテラシー）と呼ばれる、記事や広告、宣伝、インターネット上の情報など、様々な情報を読む行為もまた、母語教育、あるいは必要に応じてその他の教科で扱われる。また、説明文は作文教育と密接に繋がり、有効な説明的文章の記述のためにそうした文章を読むことになる。

ドイツをはじめとする言語技術教育実施国では文学作品が非常に重視され、自国の著名な作品を十二年間で大量に読むことになる。例えば、英語圏ではシェークスピアの主要作品の大半が一冊丸ごと学校で扱われるし、ドイツではゲーテやシラーの抜粋しか読まずに高校を卒業することはない。また、日本でほとんど扱われない詩については、形式と内容の分析を経て暗唱にまで至るのが一般的で、その結果が西洋映画などでしばしば登場人物達が詩をそらんじる場面に繋がる。戯曲についても最終的に演じることまでを目指すことが多く、とりわけイギリスには「ドラマ」という独立した教科が存在するほどである。つまり言語技術教育実施国では、文学が言語を用いて人間や社会について哲学的考察をするのに最善の教材と認識されており、そのような対象について、論理的に議論しながら分析しつつ、内容につい

図1-1　ミレー「オフィーリア」

ての深い解釈と、さらにはそこに潜む問題についての批判的検討を目指すのである。
学校では、丸ごと一冊の本が年間三~五冊程度扱われ、そのために出版社が教育現場と連携して活動している。例えば新たに出版されたヤングアダルト書籍見本が教材案と共に学校に提供され、教師達の判断で授業に利用されるシステムができあがっている。
書物と並行して比較的新しく分析と批判の対象として教育現場に浸透しているのが映画である。映画は、そのものを教材として扱うこともあれば、原作の比較対象とされることもある。例えば筆者が視察したカナダの高校の生徒達は、『ハムレット』を分析しながら読みつつ、オフィーリアの死の場面について、映画の一九四八年版と一九九〇年版を比較し、さらには、ジョン・エヴァレット・ミレーの「オフィーリア」（図1－1）[注1]とも比較して議論していた。あるいはまたドイツの高校の生徒達は、英語の授業の中で『ハムレット』を読みつつ、舞台が現代のニューヨークに置き換えられた二〇〇〇年版の映画と比較していた。

もう一つ重要なのが絵画を読む行為で、絵本の絵から名画と呼ばれる作品まで、様々な「絵」が扱われる。例えばドイツの国語の教科書には多くの「絵画」が掲載されており、それらは全てクリティカル・リーディングの対象となる。

(3) 書く

作文指導は、各種類の記述方法そのものの学習と、読みと連動して実施される作文とに二分される。その指導の最終目標は、社会で必要とされる様々な形態の文章能力を学習者に獲得させることである。

作文の種類としては、大きく物語文と説明的文章とに分けられる。前者は、日本の低学年の授業で行われているような単純な「お話」に始まり、高校水準では本格的な創作文に至る。そこに至るためには、小説等の読みの指導でも扱われる物語の構造の理解が重要となる。図

図1-2 物語構想シート

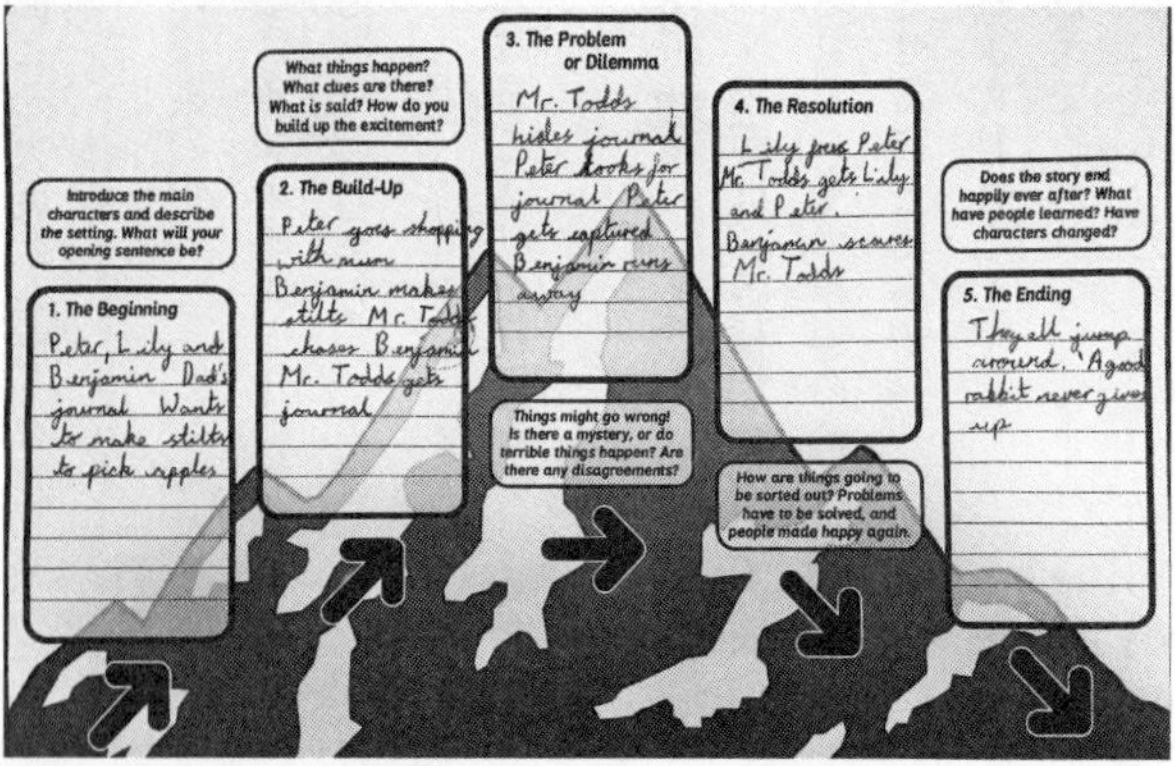

１－２の構想シート（注２）は、物語を構想するためにイギリスの七年生のクラスで使用されていたもので、この構想シートを教師が確認し、助言を与え、生徒は創作文を記述することになる。また、ドイツの五年生の教科書には物語の構造についての説明があり、教材として提示されたコマ漫画を構造に落とし込んで記述する課題が示されている。

一方で、後者の説明的文章については、形式としてパラグラフ構造が指導され、これを用いて、意見文、説明文、描写文、アピール文、広告文、報告文、記録文、論証文など様々な種類の文章指導がなされる。さらに小論文については、これら個別の書き方指導の実施後、物語型・意見型・描写型（空間配列型）・論証型・比較対照型・原因と結果型など、目的に応じた記述方法が指導される。

読みと連動する作文は三種類あり、それは再話、要約、分析文である。再話は主に小学校段階、その後は外国語の授業などで実施されるもので、音声で流れてきた物語のプロットを聴き取り、それを元に物語を再生する作業である。この要点を聴き取る力を活用してその後七、八年生の段階で実施されるのが物語的文章（小説など）の要約で、例えば三〇〇頁の『モモ』（ミヒャエル・エンデ）の内容をA4サイズ一枚程度にまとめ、さらにはそこから要旨を抽出する作業が求められる。この小説の要約の大前提となるのが物語の構造の理解である。この技術に熟達すると、小説等に対してスキャンニングが可能となり、速読にも繋がる。一方で、説明的文章は要約の対象から基本的に外れる。なぜならその類いの文章はパラグラフ形式で書かれているため、各パラグラフの最初の文（トピック・センテンス）を拾い出せば、要約は容易だからである。

さらに、この要約力、すなわち物語からプロットを抽出する能力を基盤に、九年生以降徹底して行われるのがテクスト分析、すなわちクリティカル・リーディングで、その分析、あるいは批判的検討結果については、小論文形式での記述が求められる。書くことについては、とりわけヨーロッパには穴埋め式や選択式の問題が存在しないため、記述力は非常に重要であり、それなしには高度な教育を受けることはおろか、社会でも通用しない。また、選択式問題が若干存在するアメリカやカナダでも、それはあくまで大学入学試験のための手段に過ぎず、重視されているのは作文技術である。

引用

（1）「言語生活小辞典」上甲幹一編『講座　日本語Ⅳ　日本人の言語生活』金田一京助・土岐善麿・西尾実監修（大月書店）1955、213－214頁

（2）平井昌夫「言語技術のプリンシプルとタイプ」『講座　日本語Ⅳ　日本人の言語生活』

（3）辻仁成「フランスの国語教育」『中央公論』2019年12月号、53－54頁

（4）Sylvan Barnet, *A Short Guide to Writing About Art*, Pearson, 2008, p.13.

（5）三森ゆりか「言語技術（Language arts）――グローバル社会で日本人が生き抜くための基本技術」『教育フォーラム66　PISA型読解力――論理的な認識に導く言葉の力を』（金子書房）2020、81－91頁を加筆修正

注

（1）ジョン・エヴァレット・ミレー「オフィーリア」1851～52

（2）King's College Junior School（ウィンブルドン・イギリス）の七年生の「物語構想シート」

参考文献

廣川洋一『イソクラテスの修辞学校——西欧的教養の源泉』（岩波書店）１９８４

第2章　対話

―質問を発しながら対話を展開する―

1　トレーニングの目的

対話は一般的にはコミュニケーションと理解され、双方の考えを伝え合うことにより会話を発展させることと考えられている。そのため、言語技術指導の最初の取り組みとして問答を設定すると、多くの受講者が話し合いのためのトレーニング課題と単純に捉える。しかし対話の訓練の目的は、自分の考えをわかりやすく組み立てて伝えることを出発点としながらもそれにはとどまらず、質問を受けながらの対話の展開に慣れること、そしてさらには自分からも発問ができるようになること、つまりは流れゆく音声情報に対して瞬時にその内容を分析的に捉え、質問を発しながら対話を継続する能力を獲得することである。

世の中で「質問力」が取り沙汰されるように、それは対話を建設的に展開させ、発展させるための重要な要素である。対話は音声によって行われるため、相手から発信された情報は目の前にとどまらず、あっという間に流れ去る。この流れる川のごとき音声情報の中で、曖昧な点、不確かな点などを瞬間的に捉え、間髪を入れずに切り返して質問を発するには、相手の発言内容を分析的・批判的に、すなわちクリティカル・シンキング（批判的思考）を駆使して聞き取る能力が必要になる。これを身に付けるには、発信の仕方そのものの練習に加え、大量に質問を受けながら対話を継続する訓練が不可欠である。質問を受けることと質問を発することとは表裏の関係にあり、どちらが欠けても質問力は育たないからである。

一般に日本人から質問が即座に出てくることは稀《まれ》である。不明点がないか、問題として捉えている点はないか、あるいは単純に何か気になる点はないか、といくら尋ねられても、沈黙が支配し、彼らから問いが戻ってくることは滅多にない。このような状況を改善するには、まずは意見の発信方法を型として学び、さらには曖昧点や不明点に即座に反応して問いを立てるための練習が不可欠である。

この点を問題視したのが、フットサル日本代表チームのスペイン人監督ブルーノ・ガルシア氏である。公益財団法人日本サッカー協会でのフットサルA級ライセンス講習（二〇一七年四月）の機会に、筆者が監督に日本人のコミュニケーションの問題点を尋ねると、彼からは即座に「質問ができないこと」「頷くだけで考えを言語化できないこと」という二点の指摘があった。これを文化として捉えるのは容易である。しかしながら、今や世界は狭い。質問しないのが日本の文化と居直っているわけにはいかない。それをしなければ、大切な情報は目の前を通り過ぎ、そのまま戻っては来ない。理解しようがしまいが、一度流れ去ったものは容易に取り返しがきかない。だからこそ、直ちに質問をする技術は必要不可欠なのである。ブルーノ監督が指摘したのもまさにこの点で、「質問がないと情報の共有を確認できず」（同監督）、それがないままにことを継続すると、結局どこかで互いの齟齬《そご》が露呈することになる。

日本人が質問をできない理由は極めて単純で、それをされて育っていないからである。質問をすること自体が感覚に落とし込まれていないため、いつ、どの機会に、どのような問いを立てれば有効なのかが摑めない。しかし、この不得手を一種の教育的な結果と捉えれば、それはトレーニングで解消できる。欧米言語圏の人々が小学生でも的確に質問することができるのは、そのような能力を生来持っているからではなく、幼いころから大量の質問を多角的に受けて成長したからに過ぎない。そしてその結果、彼らは知らず知らずに対象を分析的に捉え、多方向から瞬時に問いを立てる能力を身に付けるのである。幼少期から小中学生時代を海外で育った帰国子女が日本で嫌われるのは、日本人でありながら彼らもこのような言語環境のシャワーを浴びて育ったからである。このような子ども達は不明点があれば、即座に疑念を抱き、質問を口にする。つまり日本人でも生育環境次第で質問は可能になるのである。ここで筆者が言いたいのは、日本の環境の問題ではなく、質問力は訓練によっていくらでも鍛えられるという点である。

質問を受けることと質問を発することとは、既に述べた通り表裏一体の関係にある。そのため、子どもの時から大量の質問を受けて育つと、子どもは繰り返される経験の中で疑問詞の用い方を学習し、同様の状況では巧みにそれらを用いるようになる。ところが生育段階で必ずしもこのような学習が保証されていない日本の言語環境では、意図的にこうした状況を作り出し、トレーニングをする必要がある。

そこでまず、言語技術を身に付けるために最初にしなければならないのは、対話のトレーニングである。しかも単に発信の組み立て方を学ぶのではなく、常に自分の中にアンテナを立て、流れていく会話に対して発問をする方法を知ることである。質問力を上げるための速攻療法は残念ながら存在しない。

この質問力の育成には次の四段階が必要となり、子どもの時からの訓練が最も有効である。

- 第一段階　発信のための型を理解する。
- 第二段階　大量に質問を受け、質問されることとそれ自体に慣れ、また疑問詞に馴染む。問いには必ず第一段階で獲得した型を利用して対応する。
- 第三段階　自らの発問が可能となる。

・第四段階　音声で流れる情報、文章で読む情報、視覚的な情報などに対し、分析的／批判的思考が無意識に働き、不明点、曖昧点、疑問点などに対して即座に問いが立てられるようになる。

2　高文脈と低文脈

言語技術の一環として質問を間に挟む対話の手法を身に付けようとする場合、理解しておかなければならないのは文化間でのコミュニケーションのあり方の相違である。本書で筆者が日本人にその母語で必要なコミュニケーションの方法として提示するのは、本来の日本的なそれとは異なるものである。

一般に文化に裏打ちされるコミュニケーションのあり方としては、高文脈と低文脈の二種類がしばしば取り上げられる。これはアメリカの文化人類学者エドワード・T・ホールが一九七六年に提唱した考え方で、概ね次のように理解される。

・高文脈（High context）　意味や詳細を明示せず、行間を読むことが好まれる文化で、言葉以外に状況や仕草、目の動き、表情、言葉の調子などでも情報を伝達する。

・低文脈（Low context）　伝達すべき情報が全て言葉で提示される。

日本語が必ずしも高文脈の言語というわけではないし、英語などの欧米言語が低文脈のコミュニケーションに限定されるというわけでもない。しかしながら、両者を比較した場合、前者は主語や目的語が省略され、前後の関係性が不明瞭でもなんとなく通じる言語環境にある一方で、後者はそれらがきっちりと提示されないと通用しないということ、この点だけは言語技術を学習する際に意識しておく必要がある。

3　対話の型

多忙な仕事や生活の中で、効率よく対話をするにはそのための型を獲得する必要がある。一般に、日本式の発言は、理由を述べてから結論に言及する形式で行われる。これに対し、英語をはじめとする欧米言語では、結論を述べてから理由を提示する。議論や短い時間の中で効率よく、建設的に対話を進めるために有効なのは、後者の欧米言語型である。

・日本型　理由　↓　結論〈理由先行型〉
・欧米型　結論　↓　理由〈結論先行型〉

日本型の場合、理由が先に来て、結論が後に来る。つまり聞き手は、最初に全体の見通しを与えられないまま理由を聞かなければならないことになる。理由を聞き続ける段階では、聞き手には情報の行く先は見えず、最後に結論が出てきたところで、ようやく話の組み立てに合点がいくという形式が日本型である。この情報発信方法の問題点は、理由を聞いている段階では聞き手には到達点が不明なため、最終的に結論が示される段階では最初のころに出された理由等を忘れる可能性があることである。また、この組み立ての場合、結論が見えないため、有効な質問を立てることも難しい。さらに、この形式の話し方では英語等の同時通訳者も仕事が難しくなる。欧米系の言語の文章構造では先に結論が来ることになっているため、結論が出てこないと訳しようがないからである。

一方、欧米型の発信方法の場合、最初に結論が提示されるので、聞き手は全体の見通しを持ちやすい。そして、その前提に立って理由を確認しつつ相手の発する情報の受け取りが可能になる。この場合は、ゴールが与えられているので、内容が頭に残りやすく、理解もしやすい。さらには、この順序であれば、同時通訳者に欧米系の言語に訳してもらうこともさほど難しくない。

結論として、多忙な現代社会の中では、結論を伝えてからその理由を提示するという型を身に付け、時間を節約しつつ、効果的に対話を組み立てる必要がある。この時、欧米言語型の意見提示方法に名前を付けておくと、あとでこれをスイッチのように脳内操作して、必要に応じて結論先行型と理由先行型の使い分けが可能になる。筆者はこのスイッチを「問答ゲーム」と名付けている。

4　型を身に付ける

この対話の型の訓練のために、筆者が幼児から成人までに指導しているのが「問答ゲーム」である。このトレーニングは、ゲームに不可欠なルールを守って自分の意見を述べる訓練の繰り返しを通して結論先行の型を身に付け、さらにはいわゆる6W1Hの疑問詞(注1)を軸に、発せられた質問に対し型を守って対話を継続し、展開するものである。その繰り返しで身に付くのは、型に則って答える力のみならず、質問に対応する力、さらには臨機応変に質問をする力、つまり質問力である。既に述べたように、質問をすることと発することとは表裏の関係だからである。

「問答ゲーム」のルールは次の四点である。

①結論を最初に言う
②主語を入れる
③理由を言う
④結論の再提示をする

これらを必ず守ることが、常に結論から情報を発信し、効率よく対話をする能力の獲得に繋がる。四つのルールの目的や効果については次の通りである。

①結論を最初に言う

「問答ゲーム」において、結論を先に言うのは、既に言及したように、発言内容の見通しを相手に与えるためである。これにより、情報の本質に至る時間の短縮はもとより、相手の苛立ちの回避にも繋がるに違いない。時間が限られている際には、結論だけを受け取り、詳しい理由などを後回しにするという聞き手側の判断も、この場合は可能になる。

②主語を入れる

結論を言う際には、必ず主語を入れる。とりわけ抜け落ちやすい一人称の主語を的確に位置づける。その目的は、一つには自分の意見に責任を持つためである。主語の省略は日本語の特徴の一つである。しかしだからと言って、常に主語を省いてよいというわけではない。それがないために、何の話なのか、誰のことを言っているのかがわかりにくければ、それは情報としては不十分である。そこでこの主語に対しての意識を持つために、「問答ゲーム」では、結論を示す最初の文に必ず主語を入れる。これを徹底することにより、主語に対する注意が向くようになり、対話や文章において、その抜け落ちに気づけるようにもなる。母語である日本語でそれを意識できるようになると、たとえば英語など、主語なしでは文の組み立てができない言語にも対応しやすくなる。さらに高度なスキルとして、相手が気づかなければわざと主語を外すことも可能になる。この戦略的な主語省略術は、主語の働きを十分に認識して初めて可能になる。

③理由を言う

「問答ゲーム」で重要なのは、結論を提示した後、問われなくてもすぐさま理由を付け加えることである。日本語の言語環境では、理由を問われることが頻繁ではないため、自分からそれを示す能力が育ちにくい。しかしこの訓練では、主張をした途端理由を問われることになるため、主張には根拠が伴うものと認識できるようになる。さらに慣れてくると、あらかじめ整理して理由を並べるなどのテクニックも身に付いてくる。これは第3章の空間配列と連動させて訓練する。

④結論の再提示をする

意見の発信を結論で開始しても、間に理由が入ると、聞き手にとって最初に示された結論は曖昧になりがちである。そこで、最後にもう一度結論を提示する。この時、まったく同じ言い方ではなく、同じ主旨で少し言い換えることが望ましい。

「問答ゲーム」における最初のトレーニングは、このルールを頭に叩き込み、そして必ずそれを守って自分の意見を言うようにすることである。簡単そうに聞こえるが、これがなかなか難しい。小学生との問答ゲームでも社会人とのそれでも、このトレーニングの最初の段階でしばしば見られるのが次のようなやり取りである。

問　あなたは夏休みが好きですか？

答　好き（あるいは、「はい」）。〔沈黙〕

問　夏休みを好きなのは誰？

答　あ、僕です。
問　もう一度続けて言ってみて。
答　僕は夏休みが好きです。〔沈黙〕
問　どうしてですか？
答　えっと、旅行に行けるから。
問　全部繋げて言ってみて。
答　えっと……僕は夏休みが好きです。どうしてかというと旅行に行けるからです。
問　だから？　少し言い換えて最初の言葉を言ってみて。
答　だから僕は夏休みが楽しみです。
問　もう一度全部繋げて言ってみて。
答　僕は夏休みが好きです。なぜなら旅行に行けるからです。だから僕は夏休みが楽しみです。

このやり取りの場合、主語の抜け落ちはあるものの、「ルール①結論先行」は守られている。但し、問題なのは、「好き（はい）」と言いさえすれば、その先は相手が察してくれると言わんばかりに、話し手が沈黙に入ることである。理由を尋ねられる機会が少ないため、自ら理由を組み立てることに不慣れで、問われない限り理由が出てこないし、出てきたとしても「旅行に行けるから」というように曖昧で中途半端なものが多い。しかしこの段階では、理由を深めることを後まわしにし、まずは型を遵守して発言ができるように導くことが重要である。そのため、何度も「続けて言ってみて」という指導が繰り返される。というのも型が獲得されない限り、複雑に入り組んだ内容の意見をすらすらと言えるようにはならないからである。

もう一つ、初期の訓練で多いのが、型を理解してもすぐに身体に馴染んだ理由先行型にもどり、結論が出てこない例である。これは中学生以上、すなわち理由を先に挙げることに馴染んだ人々に多く見られる現象である。次のような調子である。

問　あなたは中距離列車にグリーン車を設けることに賛成ですか?

答　私が利用している○○線の場合、グリーン車ができてから、自由席の車両数が二両減りました。そのために、自由席の混み具合がひどくなって……。でも、どうしても座りたいときには、グリーン車があると必ず座席を確保できるから便利です。特に乗車時間が長いときには助かります。

問　つまりあなたは、グリーン車の設置に賛成ですか？

答　そうですね。とりあえず賛成です。

問　では、もう一度最初から結論を先に出し、その際主語を入れ、それから理由を述べて下さい。

答　中距離列車へのグリーン車の設置に私は賛成です。その理由は、座りたいときにほぼ確実に座席を確保できるからです。とりわけ乗車時間が長いときにはこれは便利です。以上の理由により、私はグリーン車の設置に賛成で、できれば車両数を増やしてもらいたいと考えています。

このように、主語が抜けたり、理由が先に来たり、単語での返答を辛抱強く指摘したりしながら修正していくうちに、型が獲得され、単語や文単位ではなく、文章ですらすらと自分の意見が言えるようになる。それでも「問答ゲーム」から外れると、主語が抜け、単語での発言に戻ったり、理由先行型の日本的組み立てに戻ったりするため、とりわけ日本語的な意見の言い方が身に付いている大人は、繰り返し何度でもそのルールに立ち返る必要がある。

この型を意識するのに有効なのは、他人のそれに問いを立てる練習をすることである。例えば、テレビやラジオなど、音声で流れる他人の発話を聞きながら、「誰が」「なぜ」「結論を先に」などと指摘してみる。これを繰り返すと、次第に主語抜けや型の崩れが気になるようになり、他人のそうした物言いに反応できるようになれば、自分自身の発話の型にも意識が向くようになる。

5　文章で発信することの意味

問答ゲームの初期段階において、何度も「続けて言うように」促すのは、まとまった思考を持たせるためである。「好き」「サッカー」「旅行に行けるから」など、単語や文節でしかものを言わなくても、実は頭の中では十分に考えを持っているとしばしば言われるが、筆者はそのようには考えてはいない。単語でしか答えを返さない相手にさらにその背景を取り出す質問をしても、なかなか答えが返ってこないからである。これは、その単語を支える周囲や背後の事柄との論理的関わりが、本人にも曖昧なためだろう。そこで問答ゲームでは、単語で返ってきた答えに対し、続けて言うように辛抱強く促し、単語を発した本人にその前後関係や周辺関係を自覚させ、それを言語化して表現させるようにする。これが速やかにできるようになり、一文、さらには複数の文、つまり文章で返答が返ってくるようになると、最初からより複雑な対話が成立するようになる。

6 そもそも自分自身の結論を持つ

日本語の環境の中で育ち、暮らしている日本人は、そもそも自分自身の結論を持つという意識が希薄で、対話のトレーニングの中で目立つのが、自分自身の中で結論が曖昧な人々が多いことである。通常、日本語の対話の中では明確な結論を求められる機会が少ないため、なんとなく理由をくどくどと並べているうちに、相手がその行き先を曖昧に了解してくれる言葉の環境に住み慣れているせいか、結論を示すように促されると、答えがないことを訴える人々が少なくない。しかし、自分の意見がなくては、そもそも対話自体が成立しない。次のような調子である。

問　あなたは小学校で英語が必修になることに賛成ですか？

答　社会がグローバル化しているから、これからの子どもには英語は不可欠ですよね。だから必要性はわかるけれど、でもそれには教員の英語力が問われるわけだし……。英語を話せない人が言葉を教えることって難しいですよね？

問　つまり、小学校での英語必修化にあなたは賛成ですか？

答　う～ん……賛成って言えば賛成だし、でも不安もあります。そもそもできるのかっていう。教員の育成が先ではないですか？

このように、改めて問いを突きつけられる経験が少ないため、たとえ型を理解しても、実際に質問された途端、結論を見つけられずに、再び型が崩壊する例が多い。これはとりわけ成人に顕著である。質問自体が複雑になり、単純に答えるのが難しくなるのが原因であろう。しかし、どのような場合でも、とりあえず自分の立ち位置を決めなければ、そこから先の対話の展開は困難である。型を理解したら、とりあえず様々な問題に対し、自分なりの立ち位置を決めてみよう。そして、それに対して型を遵守して自分の意見を組み立てる練習を繰り返してみよう。そうするうちに、曖昧だった自分の考えも明瞭になってくるはずである。

7　英語の基礎となる結論先行型

日本語と英語は異なる言語なので、両者それぞれ組み立てを使い分けても問題ないのかと言えば、人間の頭はそのように単純ではなく、母語において理由先行でものを組み立てることが習慣付いていると英語にもそれを持ち込みがちである。そもそも筆者が「問答ゲーム」を発案したのは、つくばに移り住んだ頃、近所に住んでいたオランダ人研究者に英語を学ぶ機会を得たことがきっかけである。そのクラスに参加していた日本人は全員が大卒、あるいは大学院卒で、基本的な英語には問題のない人々ばかりであった。授業でオランダ人が必ず最初に実施するのが、簡単な質問に素早く答えさせるトレーニングだった。「君は昨日何をした？」というような類いの単純な問いである。ところが大半の日本人がそのような質問にうまく答えられず、「遅い！　早く！」と指摘されてさらにうろたえるという状況だった。彼らが返答にもたつくのは、結論を提示することができずに理由を語ろうとして混乱するせいだった。筆者がオランダ人にそのトレーニングの意図を尋ねると、彼からは次のような答えが返ってきた。

私は長年日本人と研究活動をし、また空いた時間に英語を指導してきた。その経験を通して学んだのは、日本人が結論から意見を言えないということだった。それで授業の最初に必ず単純な質問をし、それに答えさせる方法を思いついた。しかし君も見た通り、結論から英語を話すことに日本人はたいそう苦労する。面白いのは、我が家の娘達が日本語で話すときは理由から示している様子であることだ（彼の娘達は、オランダ語・ポルトガル語〔母親がブラジル人〕の他に、完璧な日本語を身に付けていた）。私がそれに気づいたのは、娘達が日本人の友達とおしゃべりに興じているときに不意に話しかけると、時々娘達が返答にまごつき、改めて切り替えて結論から述べる様子が見て取れるからだ。娘達は日本語とオランダ語を完全に使いこなしているためにすぐに切り替えができるが、そうでない日本人にとって結論から話をするのは相当に難しいようだ。

彼の話を聞きながら筆者が考えたのが、外国語である英語の前に母語の日本語で結論先行型を獲得することである。理由先行型で話をすることは単なる型の問題ではなく、そのようにものを捉え、考えるということを意味する。そうであれば母語においてものの捉え方そのものを結論先行型に切り替えるトレーニングを行えば、英語への移行がたやすくなるはずである。例えばドイツ人が英語を得手とするのは、その言語同士が親戚関係にあるからのみならず、考えの組み立て方が共有されているからである。英語と親戚筋にない日本語を母語とする日本人にとっては、せめて考えの組み立て方を共有することができれば、英語を学ぶ際にも話す際にも大きな助けとなるに違いない。

8　質問のトレーニング

質問とは、相手から発せられる言葉を瞬時に聞き取って認識し、頭の中で分析し、それに基づいて必要な問いを探り当てて判断し、それを言語化して発信するという一連の作業をいう。あらかじめ準備し、決められた質問時間に問いを立てることはさして難しいことではないかもしれない。しかし、他人の話す言葉が音声状態で流れていく過程で不明点、曖昧点、疑問点を認識して分析し、さらには判断して質問を差し挟むことは困難を極めるし、そうでないにしても相手の発言に対して咄嗟《とっさ》に質問をするのは容易なことではない。これまで実施してきた成人対象の講座（教員研修・一般社会人研修・スポーツ関係者研修・企業研修など）において、質問と答えのいずれが難しいかを筆者が尋ねると、参加者の大半が必ず前者を選択する。答えがどちらかと言えば受動的行為であるのに対し、質問は能動的行為であるのがその理由であろう。問いを立てることに躊躇のある文化環境に育った多くの日本人にとって、それをするには意識の切り替えと意図的なトレーニングが不可欠となる。

(1) トレーニング1　疑問詞の確認

質問のトレーニングをするにあたり、まず必要なのが、いわゆる「疑問詞」の再確認である。筆者の知る限り、多くの日本人にとってこの疑問詞は「英語」の授業で学習したものであり、「国語」では馴染みが薄かったようである。そのため、まずは各疑問詞の役割を改めて再認識し、頭の中にそれらを常に置き、四六時中意識できるようにすることが肝要である。

①6W1Hの役割

＊事実を確認するもの

いつ：時間や季節、時代など時に関わる事柄を確認するもの

どこ：場所に関わる事柄を確認するもの

だれ：人物に関わる事柄を確認するもの。「誰に・誰の・誰へ」などもこの仲間
なに：物や対象に関わる事柄を確認するもの
＊理由・根拠について確認するもの
なぜ・どうして
「なぜスポーツをするのか？」に対しては、「好きだから」「気分転換になるから」など、理由を提示することになる。
＊目的について確認するもの
なんのため
「何のためにスポーツをするのか？」と問われれば、「健康維持のため」「体重維持のため」など、何らかの目的を提示することになる。
＊状況や状態などを確認するもの
どのような・どのように

②大活躍の「なぜ」
これら6W1Hの中で、最も活躍するのが理由を問う「なぜ」である。というのは「な

ぜ」は他の疑問詞を用いた後にさらにその理由を問うなど、表層から奥に入ったところでも利用されるからである。次のような具合である。

問　あなたはどんなスポーツが好きですか？
答　私は水泳が好きで、毎週かならず二時間程度プールで泳いでいます。
問　あなたはいつプールに行くのですか？
答　私がプールに行くのは週末です。
問　それはなぜですか？
答　私は仕事をしており、平日は多忙でプールには行けません。そこで私は週末に行くようにしています。

③６Ｗ１Ｈを用いた実際の質問例

６Ｗ１Ｈの使い方を意識できるようになると、具体的に相手の答えの中身を引き出す問いが立てられるようになる。例えば相手が「私は水泳が好きです」と答えた場合、どのような意味で相手が水泳を好むのかの取り出しが可能となり、それをきっかけにさらに会話の展開が期待できるようになる。

問　あなたはどのようなスポーツが好きですか？
答　私は水泳が好きです。
問　（あなたは）なぜ水泳が好きなのですか？
（あなたは）どんな泳ぎが得意ですか？
（あなたは）いつから水泳を始めましたか？
（あなたは）いつ泳いでいますか？
（あなたは）どこで泳いでいますか？
（あなたは）誰かと一緒に水泳に行くのですか？
（あなたは）なんのために水泳をやっているのですか？
水泳を始めてからどのような効果がありましたか？

（2）トレーニング2　抜けた言葉を意識する

成人に対するトレーニングで筆者が必ず実施するのが、抜けの多い文章に対して問いを立てる練習である。実際の状況では、会話の相手との付き合いの程度により、質問の立て方や頻度はむろん変わってくる。しかし意図的に問いを操作できることと、その必要性に気づけないこととは同義ではない。必要があれば発問は立てられるという思い込みは大きな誤りで、これについては日常的に敏感に反応するための訓練が要る。

次の文章は、日本語ではしばしば見られる言い方である。耳で聞いただけで、あなたはすぐさま抜けに反応し、問いを立てられるだろうか？

この前海外に行ってきて、すごく満足したみたいです。前から行きたかったところに行ったらしくて、すごく良かったと言っていました。一緒に行きたかったらしいけれど、忙しくて都合がつかなかったようですよ。誘われたけれど、なかなか難しいですよね。彼女とは結構趣味は似ているので、興味はあったのですが……。

右の文章には、いったい何人が登場しているのだろうか。誰がどこに行き、何に満足したのだろうか？　何が難しいのだろうか？　誰が何に興味があり、どのような趣味が共通しているというのだろうか？　同じ文章に対し具体的に問いを立てると、例えば次のようになる。

この前海外に行ってきて、すごく満足したみたいです。前から行きたかったところに行ったらしくて、すごく良かったと言っていました。一緒に行きたかったらしいけれど、忙しくて都合がつかなかったようですよ。誘われたけれど、なかなか難しいですよね。彼女とは結構趣味は似ているので、興味はあったのですが……。

誰が？（この）
誰が？（行ってきて）
どんなところに？（すごく満足）
誰が？（ところ）
どこ？（ところ）
なぜ？なにが？（すごく良かった）
なぜ？（忙しくて）
誰が？誰に？（誘われた）
なぜ？（なかなか難しい）
どの程度？（結構）
どんな？（趣味）
誰が？どんな点に？（興味）

このような抜けのある文章に対して問いを立てる訓練は、テレビを用いて行うのが効率的である。実際の対話の場面で話し相手に対していきなり行うと問題が発生する可能性があるものの、テレビの中で話している人物はあなたの問いに反応することはないからである。日常放映されている多くのトーク番組やドラマの一部などを使って、あなたが気づいた抜けに敏感に反応して問いを立てることを繰り返しているうちに反応が早くなり、さらには自分自身のそれにも気づきが及ぶようになる。

(3) トレーニング3　印象の内容を追求する

日本人だけの会話において、「おもしろかった」「しんどかった」など、自分の印象を口にしてもその内容を追求されることは滅多にないが、同じことを英語やドイツ語などの西洋言語で行うと、その途端に質問されることが多い。これは彼らが人の気持ちを付度《そんたく》しないからではなく、印象には内容があると考えているからである。ところで、ある映画について「おもしろかった」の実質をうまく言語化できないことは、単に文化の相違で済ますことができるかもしれないものの、顧客の「満足できない」、または状況が「危ないかもしれない」をそのまま放置するのは危険である。そうした事柄の内容を追求せずに放置するととんでもないすれ違いに発展しかねないし、場合によっては大きな事故に繋がることもあり得るからである。このような場合は、6W1Hを巧みに使いつつ、多角的に質問をしてその実質を取り出すことが重要となる。

では、何の準備もせずに必要に応じて対象の実質を取り出せるかといえば、ことはそう簡単ではない。常日頃から相手が「おもしろい」と言えば、どこがどのようにそうなのかを分析的に考え、問いを立てる習慣を持っていないと、いざというときに質問そのものが出てこないからである。そのため大切なのは、図2-1のように、印象の内容を取り出すために、考えを分解して問いを立てる習慣を身に付けることである。

図2-1　印象の分解のための問い

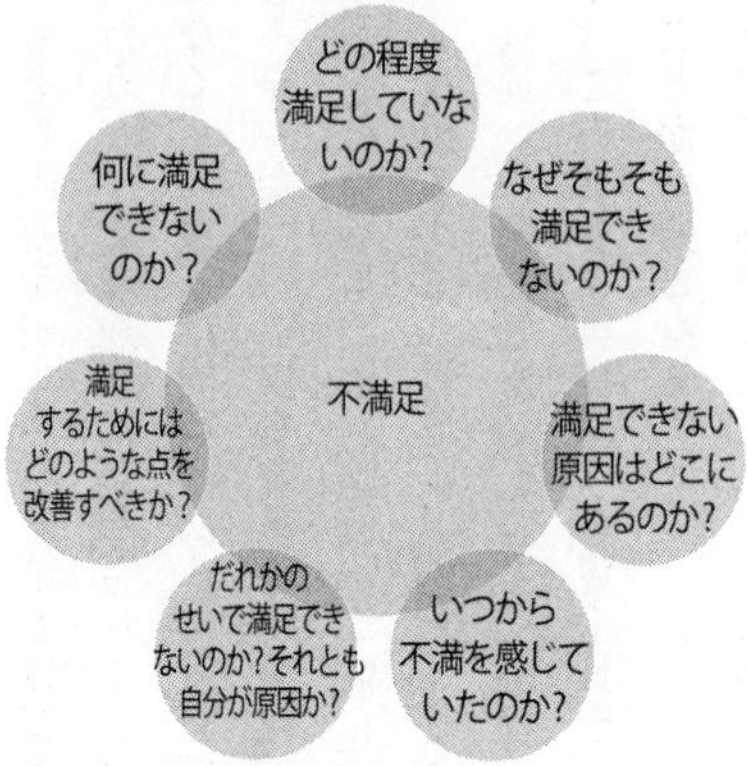

(4) トレーニング4 「どうですか?」を用いない

日本語の対話で多用される「〜についてはどうですか?」という質問は、便利な反面、具体的な内容がないために答えづらいという欠点がある。むろん、日本語の言語環境で育った人であれば、そのような問いにいちいち不自由を感じることは少ないであろう。しかし、建設的に対話を進めるには具体的な問いに置き換えると効率が良い。

この「どうですか?」を意識するには、例えばスポーツ選手達へのインタビューが参考になる。通常このようなインタビューにおいて多用されるのが件《くだん》の質問の形であり、実際に筆者が実施している日本オリンピック委員会や日本サッカー協会などにおける元アスリート達への研修でも、この「どうですか？」という問いが厄介だったと認める人々は多い。次のような調子である。

アナウンサー　今日の試合はどうでしたか？
アスリート　そうですね……、できとしては、まあ……良かったというか、だいたい考えていたようには動けました。
アナウンサー　次の試合に向けてはどうですか？
アスリート　そうですね……、今回○○がうまくいかなかったので、これをもう一度見直したいと思います。

多くのインタビューに共通しているのが、質問者の「どうですか？」の問いに対し、回答者が必ず「そうですね……」と一拍おくこと、そしてその答えが必ずしも明確ではないことである。これについて研修等に参加していたアスリート達に筆者が直接その理由を尋ねてみたところ、大半の人々から返ってきたのは「質問が曖昧で答えに詰まった」というものだった。

その改善策として妥当なのは、第一声が「どうですか?」であるにしても、その後すぐに具体的な方向性のある質問を置き、質問者の欲しい内容について回答者が答えやすいようにすることである。

質問者　今日はどうでしたか? あなたは今日の仕事に満足していますか?
回答者　そうですね。私は今日の仕事にはある程度は満足しています。でも十分ではありません。
質問者（相手が「十分ではない」と答えたので、その中身を具体的に問う）
　あなたは具体的にはどの程度満足しているのですか?
回答者　七割程度でしょうか。残りの三割にはまだまだ改善の余地がありますね。
質問者（相手の答えの中の七割と三割から後者を選択）
　なるほど、その改善が必要な三割とは具体的にはどのような点ですか?
回答者　改善の必要があるのは、AとB、Cですね。この三点が改善されればパフォーマンスをさらに向上できると私は考えています。

質問者　では、まずAについて、あなたはなぜそれを改善する必要があると考えていますか？

いつからそれに取り組みますか？

どのように実施しますか？

誰かに手伝ってもらいますか？

どのくらい時間が必要ですか？

具体的な計画は既にありますか？

このように発問をしていくと、対話をしながら問題点を引き出し、解決に向けて具体的な話し合いが可能となる。この時、質問者側は、6W1Hを駆使して多方向から多角的に質問を行う。つまり、相手から答えが返ってきたら、即座にそれを分析的に検討し、どの部分にどのような問いを立てれば不明点が明瞭になるのかを判断し、実行するのである。このような練習を紙面上、あるいは相手と組んで繰り返すうちに、問いが速やかに出てくるようになり、また相手からの問いにも自然に的を射た答えを返すことができるようになる。

(5) トレーニング5　対話を書き出し検討する

対話は音声で実施されるので、録音するか書き留めるかしないと残らないため、問題点が放置されやすい。そこで、トレーニングの一環として、自分と他人との対話、あるいはテレビなどから流れる対話を録音するか書き留めるかし、妥当な問いが立てられていたかどうか、どの発問に問題があり、その結果対話の展開にどのように支障が生じたかを確認するのは、非常に良い訓練となる。

次の対話は、実際にある研修で大人同士の間で実施されたものを筆者が書き取ったものである。どの問いに問題があり、どのように修正すれば内容のある対話になるだろうか？

問①　あなたはカルタが好きですか？
答①　私はカルタが好きです。なぜならお正月にみんなで楽しめるからです。
問②　あなたが最後にカルタをしたのはいつですか？　お正月ですか？
答②　はい、そうです。
問③　カルタの読み手と取り手とでは、あなたはどちらが好きですか？

答③　私は取るほうが好きです。なぜかというと強いからです。
問④　あなたは負けるとどんな気持ちがしますか？
答④　負けると私は悔しいです。
問⑤　あなたは負けず嫌いなのですか？
答⑤　はい、そうです。
問⑥　負けないために、あなたは何をしますか？
答⑥　私は練習します。

この問答ゲームの問題は次のような点にある。問い①は、このような問いかけでも不都合とは言えない。しかしながら、この時点で質問者は、普通のカルタを想定しており、一方、答える側は百人一首を想定していた。そのため、相手の答えの内容がピンと来ない質問者は最後まで問いを絞りきれず、答える側には質問者の意図が見えなかった。また、質問者の問い②と⑤に対して、答える側は「はい、そうです」としか言いようがなく、対話を深めることができなかった。さらには、途中からカルタに関係ない負けず嫌いか否かの話題に移っている。研修参加者全員で修正を検討した結果、この問答ゲームは次のように改められた。

問① あなたは百人一首が好きですか？
答① 私は百人一首が好きです。なぜなら私は札取りが得意だからです。
問② あなたはそのために何か練習をしているのですか？
答② 私は競技カルタ部に入って練習をしています。
問③ そこではどのような練習をしていますか？
答③ 〔練習方法複数を出す〕
問④ 〔それぞれの具体的な実施方法について問う〕

次の問答ゲームは、教員研修の際に実施されたもので、一見スラスラと流れたものである。先の問答との相違はどこにあるだろうか？

問① 学校の宿題を毎日出すことにあなたは賛成ですか？　教員の立場で答えて下さい。
答① 私は毎日宿題を出すことに反対です。なぜなら何をどのように学習すべきか、生徒達には自分で考えて欲しいと私は思っているからです。

問②　あなたが反対なのは、宿題を毎日出すことにですか、それとも宿題そのものにですか？

答②　私が反対なのは宿題そのものではなく、毎日それを出すことです。毎日それが出されると生徒は自分で考えて学習する時間がなくなります。

問③　学習習慣をつけるための宿題にもあなたは反対ですか？　授業で十分に学習できなかったことを補う効果は宿題にはありませんか？

答③　学習習慣の定着、あるいは授業の補充という点で、宿題は一定の効果があると私は考えています。

問④　それでもあなたは毎日の宿題には反対ですか？

答④　私はそれにには反対です。なぜなら学習が強制的になると、それが学習習慣の定着に繋がるとは私には思えないからです。

問⑤　中学の教員として、あなたはどのようなときに宿題を出しますか？

答⑤　私は社会科の教員なので、事前に調べる必要のあるものについての宿題を出すことが多いです。

問⑥　それは例えばどのようなものですか？

答⑥　例えば……

こちらの場合、質問者が相手に対し、まず「教員の立場」で答えるよう指示したため、返答者は、宿題を出す立場、受ける立場で迷う必要がなかった。さらに、返答者の①の答えに対し、質問者が②の問いで、「宿題を毎日出すことに反対なのか、宿題そのものに反対なのか」を確認したため、返答者はそれに対し、「宿題そのもの」ではなく、「毎日出すこと」に反対であると立場を明確に示すことができた。一方で問題として指摘されたのは、③の質問者の問いが狭すぎて、返答者に確認させるだけのものになり、そのために以降のやり取りにやや無理が生じたことである。この問いを例えば、「宿題を出す目的はどこにあるとあなたは考えますか？」というような大きな問いにすれば、返答者のほうから「学習習慣をつけるため」あるいは「授業内でやり残したことを片付けるため」、「次回の授業の準備のため」などが自由に出てきて、④以降の問いについては、その答えを深める問いに繋げられたのではないだろうかという意見が出た。

このように、実際に行った問答ゲームを書き出してみると、問いの不備や答えの問題が明らかになり、これらの検討と修正を繰り返すうちに、次第に的確な質問と答えが出てくるようになる。

9　切り替えスイッチ

既に述べてきたように、日本の言語文化では以心伝心が重視され、不足情報について聞き手が推測し、相手を理解しようとする傾向がある。このため、次々に質問を繰り出すと不作法と受け取られたり、あるいは帰国子女がしばしば遭遇するように、「異人」として扱われたりすることがある。筆者が、対話の指導に敢えて「問答ゲーム」と名付けて実施するのは、一つにはこれが理由である。国内において闇雲に欧米型の結論先行型の主張や即座にたたみかける質問を繰り出すと、空気が読めないというレッテルを貼られかねない。そこで筆者は、「問答ゲーム」という概念を「切り替えスイッチ」として操作するように生徒達を指導している。すなわち、空気を分析的に読み、その場では欧米型の議論形式が通用すると踏んだらスイッチを入れる。一方で、それを許さない空気が支配していると読み取ったら、スイッチを素早く切って日本型に切り替える。このように、問答のスキルを状況に応じてオン・オフで切り替えられるようにするためには、「問答ゲーム」という名称が有効な働きをする。実際、筆者がその中高時代に指導した生徒達は、結論先行を要求された途端、「あ、先生、問答ゲームですね」と応じ、たちまち型に則ってわかりやすい形で発話ができ、それが不要とされる場では、通常の日本型の対話を行っていた。彼らの中では有効にスイッチが働いていて、彼ら同士での話し合いの際にも、必要に応じて問答ゲームに切り替えることができていた。

10 精神力を鍛える問答ゲーム

言葉の訓練とは一見無関係ながら、問答ゲームを実施しているうちに明確になってきたのが、日本人にとってこれが精神力を鍛えるためのトレーニングになるらしいということである。既に述べたように、日本人は質問するのが苦手である。しかも、実はされるほうも苦手である。これは成育過程の中で、あるいは社会生活の中で、多くの質問を受けずに過ごして来た結果である。そのため、頻繁に質問が行われる場に置かれると、圧迫感を感じる人が多いようである。就職活動における面接が圧迫面接などと呼ばれるのもそれ故であろう。しかし、問答ゲームのトレーニングを通して、自分の意見を言うための型を身に付け、それを用いて問いを挟んで対話を進める経験をたくさん積むと、次第に問答そのものに対する苦手意識が減少する。また、問われることに慣れてくると、問いを予測しながら対話をすることもできるようになるため、相手の問いに過敏に反応することもなくなる。

この点を「目から鱗」と言わんばかりに指摘したのが、筆者が以前に依頼されて指導したある企業の社員達だった。この企業の社員達は、ある外国企業に併合されたあと外国人達と働くようになり、その結果多くの人達がストレスを抱え込むようになったという。日本人が何か言うたびに、外国人から数多くの質問を浴びせられ、彼らに馬鹿にされていると思い込む人達が増加したためだそうである。このような社員達と共に、結論先行型の意見の言い方、6W1Hを用いた発問の練習、さらには問答ゲームのトレーニングをしていくうちに、外国人達が社内で彼らに対して行っていたのが、まさに実践的な問答ゲームであったことに彼らは気づいた。研修が進むうちに受講者達の顔つきがだんだん穏やかになっていき、最後に一人が代表して言った言葉は、筆者にとって極めて印象的だった。それは次のようなものだった。

「私達は、外国企業に併合され、彼らと一緒に働くようになって以来、彼らから容赦なく質問を浴びせられ、ずっと彼らに馬鹿にされている、下に見られているというようにしか受け取れず、追い込まれていた。しかし、今回問答ゲームのトレーニングを受講してみて、自分達のものの言い方に問題があったこと、彼らは単に曖昧で不明瞭な点について質問していたに過ぎなかったことに私達は気づいた。明日からは私達自身も曖昧にやり過ごしていたことに対して、積極的に質問しなければならないことも理解できた」

私自身、中高時代をドイツの学校に通い、質問に恐怖した経験があるだけに、彼らのこの言葉は非常に重みのあるものだった。

もう一つ実例として挙げられるのが、あるスポーツ団体の日本代表チームにおける危機的状況の改善である。そこにはイタリア人監督が存在し、その監督の質問に追い詰められ、監督そのものに怯える選手、監督に話しかけられると泣き出す選手が続出し、ついには監督退任要求まで出されたという。そのような状況に、JOCナショナルコーチアカデミーで筆者の講義を受講した関係者が問答ゲームを持ち帰り、選手達に説明し、地道に努力を重ねて一年経った頃、多くの選手が不十分な英語でも自信を持って積極的に監督に話しかけるようになり、監督の質問にも挫けずに反応できるようになったという。チームの環境が大幅に改善されたことは言うまでもないそうで、対話のトレーニングがチームの崩壊を救ったとのことだった。

11「問答ゲーム」は一種のフローチャート

問答ゲームは、作業や処理の手順を図式化する一種のフローチャートを頭の中に作り出す指導である。第1章の表1－2「言語技術の概念チャート」に示したように、問答ゲームは、第一段階で音声として入力された情報に対して、第二段階で分析的に思考し、第三段階でその結果をアウトプットして表現する訓練だからである。この能力が獲得されると、対話が機能するようになるばかりではなく、実は様々なものへの応用が利く。

一例として挙げられるのが、筆者が指導をしている日本サッカー協会で、実際に受講していたコーチ陣から出てきた指摘である。数年前、フットサルの指導者達に「問答ゲーム」のトレーニングの重要性、とりわけ大量に質問を浴びせ、自ら問いを立てる能力の重要性を筆者が説いていた際に彼らから出てきたのは、それがまさにスペインサッカーにおいて、重要な状況判断の四段階として理解されている「認知・分析・判断・実行」に類似しているという指摘だった。それがどのようなものかと言えば、認識〈Percepción〉された状況を頭の中

図2-2 サッカーにおける状況判断のための4段階

で分析〈Análisis〉し、それに基づく判断〈Decisón〉を身体上で実行〈Ejecución〉に移して表現する、というものである。彼らの指摘を証明するかのように「問答ゲーム」が「育成年代の子ども達に非常に役立つ」と指摘するのが、JFAアカデミー福島のチーフコーチ中田康人氏である。

サッカーと質問力、一見何の関係もなさそうでありながら、実はいずれにおいても状況を認識し、頭の中で分析し、それに基づく判断をして、実行するという一連の流れを必要とする。前者と後者で異なるのは実行の部分のみで、そこまでの段階はほぼ共有されている。従って、対話において図2－2に示したような能力を高速で回転させることができるようになれば、それはフィールド上でも同じように機能するというわけである。ここで一つ気に留める必要があるのは、先のスペインでは、問答ゲーム式の対話が日常会話であり、スペインでサッカーをする人々はそうした環境に馴染んだ上で、サッカーに特化された状況判断のスキルを身に付けてフィールドに立つということである。

もう一つ例を挙げよう。ある交通系の大手企業は、安全対策や交渉方法など、諸々の対応のためにマニュアルとしてフローチャートが作成されていながら、実際の場面で機能しないために、対話のスキルの訓練がその基本として必要であるとして新たにトレーニングを依頼してきた。

マニュアル化されたフローチャートが有効に機能するのは、そこで想定された状態が発生したときである。しかしながら、例えば急を要する安全上の疑念が生ずる事態が発生したとき、対象がどのような内容を持った問題であるかを判断した上でないとマニュアルは機能しない。さらには、その発生している状況にどのようなマニュアルが適応しうるかを確定するためにもマニュアルが存在するとなれば、対応は二重三重に遅れることになる。ましてや、せっかくのフローチャートが単なるマニュアルであれば、予期しない事態に遭遇した場合に臨機応変に対応することは困難となる。遭遇する問題に対応するためのマニュアルの作成は必要であり、それをフローチャート化し、図式で認識可能な状態にして準備することは重要である。しかしながらそれを有効に活用するためには、フローチャートを受け入れ、活用できるコミュニケーション能力をあらかじめ各人が持っておく必要がある。

頭の中に情報を受け入れ、それを分析し、表現に繋げる訓練として、問答ゲームは有効な方法である。ある事柄、あるいはある考えに対して、徹底的にあらゆる方面から6W1Hを用いて畳みかけられて質問される訓練が十分に実施されていると、脳内でこの6W1Hが自動的に働くようになり、その結果、何らかの問題に対峙した際に、これらの疑問詞を有効に用いながら必要な情報を取り出したり、知りたい情報を深めたりができるようになる。この能力が、ある事態に必要な対話のフローチャートの土台として機能すれば、マニュアルが単なるそれではなく生きた技能として働くようにもなるであろう。

12 様々な現場で応用の利く問答ゲーム

これまで、主に学校（幼稚園～大学院、看護学校などの専門学校）や企業、スポーツ団体などで指導してきた問答ゲームについて、様々な現場から上がってきた声は、いずれもこの訓練が有効であることを示している。以下にいくつか具体的に上がった声をまとめる。

①問答ゲームは問診そのもの

日本オリンピック委員会の主催する研修には、選手達などと直接関わりを持つ医療従事者がしばしば参加する。こうした人々に指導した際に複数の医師達から出てきたのが、問答ゲームは実質的に問診と同じであるという指摘である。問診では、的確な問いを立て、患者からの情報が曖昧であれば、必要な事柄を取り出すために多方向からたたみかける能力が必要になるという。そして、この問診の出来不出来が適切な診断に直結するため、対話力は非常に重要であり、その訓練に問答ゲームが役立つ、というのが彼らの指摘であった。

同じく筆者が主催する「大人講座」に出席した医師の参加理由は、同僚に小中高の十二年間筆者から言語技術の訓練を受けた医師がおり、その彼の説明のうまさと対話力の高さに驚き、訓練方法を尋ねたことがきっかけだったという。この医師に指導できたのは六時間に過ぎなかったので、子どもの頃から十二年間の長きにわたり訓練を受けていた先の医師との単純な比較は難しいものの、一度方法が理解できれば気づきに繋がり、無意識に行っていた対話の質が向上するに違いない。

②問答ゲームはカウンセリング

同じく、これまで筆者が指導した研修に参加していたカウンセラー達から出てきたのが、問答ゲームがカウンセリングの技術と非常に似通っており、そのスキルの訓練に役立ちそうであるという指摘である。そもそも巧みに尋ねることが必須の技術であるカウンセラー達にとって、カウンセリングの技術そのものを身に付ける以前に、首尾よく対話を成立させるための能力が必要、というのが彼らの指摘であった。

③圧迫面接は楽勝でした!

就職活動における企業の面接については、俗に「圧迫面接」と呼ばれ、それに対応するための書籍が大量に出回り、セミナー等もたくさん実施されている。この面接が「楽勝だった」と報告してきたのは、中高で言語技術の指導を受けた生徒達で、彼らが言うには、就職の際の面接よりも「三森先生の矢継ぎ早で多様な質問のほうがよほど怖かった。何しろちょっと気を抜いているとスパッと指名され、それに適当に答えようものならすぐにその〝適当〟を改善するための質問が次々出されたから」だそうである。彼らにとって、企業面接は緊張するものの、言語技術の授業と大きな差異があるという印象はなく、身に付いた型と対応力とで問題なく切り抜けられたそうである。「はじめに」でも紹介したが、最終的に大手薬品会社のＭＲ（医薬情報担当者）に採用されたかつての生徒は、後に面接官から「頭の回転が速く、どんな質問をしてもたちどころに質問内容に見合った返答をすることができる」と評価され、それはまさに問答ゲームの成果、と筆者に嬉しい報告をしてくれた。

注

（1）「疑問詞」は一般的に英語等の言語に対して用いられる文法用語である。日本語文法ではその分類が細かく分かれるが、本書では、疑問文を作るのに用いられるものを疑問詞とする。

第3章

説明
―わかりやすく情報を組み立てる―

1　トレーニングの目的

『マニュアルはなぜわかりにくいのか――日本語と経済の情報摩擦』(注1)という書籍があり、そこでは日本語の文章の組み立てや説明のわかりにくさが指摘されている。ところで、なぜこのような指摘がなされるほど日本人は説明が苦手なのかと言えば、それは単純にその方法を学習する機会を与えられなかったからである。

国語の教科書には説明文の類いが相当数掲載されてはいるものの、どのようにすればわかりやすい説明文を記述できるようになるのかを具体的に学習する機会は稀である。「はじめ・中・終わり」「序論・本論・結論」など、組み立てのための概念を学習する機会はあっても、それぞれの部分をどのように組み立てるのか、その具体的な方法をきちんと指導している教科書は筆者の知る限り存在せず、また教科書に掲載されている説明文自体がわかりにくさの問題を抱えている。そのため、日本中に説明不能症候群が蔓延し、これを解消するには、その組み立ての方法を知ること、それに尽きる。説明には種類があり、組み立ての方法がある。つまり、これさえ理解すれば、誰にとっても説明文の記述は容易になる。また、ひとたびこの説明の組み立て方法が身に付けば、それが様々な目的に応用可能であることへの気づきにも繋がるはずである。

説明文の記述方法を理解するには、文章そのものの構成形式であるパラグラフとその中身の組み立て方法を学ぶ必要がある。その理解に有効なのが本章で扱う空間配列の考え方である。

2　説明文の種類

説明文には種類があり、これは時間を扱ったものと空間を扱ったものとに大別できる。前者は、いわゆる時系列で並べられる情報を提示する文章で、これには経過や段階を示すものも含まれる。後者は、空間的に捉えた対象、時間には落とし込めない事柄を提示する文章である。日本の教育では、時間的情報の並べ方については一応学習機会がある。しかし空間で捉えたそれについての提示方法は未学習である。ところが、この方法による説明の機会は存外多く、その結果が日本の説明的文章のわかりにくさを生み出している。

（1）時間的順序による配列

この種類に含まれるのはおおむね二つであり、それは純粋に時間的順序に基づいて情報を示すものと、経過や段階に従って情報を示すものである。これらは教科書にも掲載されているものの、他方との相違を明確にするためにもここに再提示する。

①時系列型配列　Chronological order / Time order

この説明型では、単純に時間的に古いものから新しいものに向かって情報を並べる。時間的に最も古い情報を最初に置き、次に中間に発生した事柄、最後に最新、つまり最終的に起こった事柄を配置する。例えば、小学校などの作文でも扱われる「経験作文」がこの種類に属する。「私達は最初に○○工場の見学をしました。……その後バスに乗って移動し、○○公園で私達はお弁当を食べました。……最後に○○記念館に立ち寄り、私達は○○についての説明を受けました。……」というような作文を記述した記憶が誰にでもあるだろう。この種の説明は時間の流れに従って情報を並べれば論理的な組み立てになるため、さほどの難しさはない。指導されなくてもある程度自然に身に付けられるものである。

②経過型配列　Process order

　これは、段階ごと、あるいは経過ごとに情報を提示する説明の方法であり、既に言及したように基本的には時間の流れに従う。整理の方法としては、全体の時間的流れの中で、対象をいくつかの段階に分類し、古いものから新しいものに向かって配列する。「第一段階はA……第二段階はB……第三段階はC……」という形式で情報が提示されるのが、この経過型配列である。

(2) 空間の順序に従った配列

①空間配列型　Spatial order / Space order

　これは、空間的に認識した対象をいくつかの要素に分類し、優先順位をつけた上で論理的に意味のある順序に落とし込む説明方法である。古いものから新しいものに向かうという基準がないため、説明すべき各要素（観点・項目）のうち、より包括的なものを前に出し、包括度の割合に従って優先順序を決める。基本的には、「大きいものから小さいもの（large to small）」がこの配列のキーワードとなる。言語技術を母語教育で実施する国々では、この説明方法が十歳前後から指導され、子ども達の感覚の中に落とし込まれる。その意味するところは、それ以降は説明の順序が空間的配列に準じていないものは、非論理的として排除されるということになる。

②重要度型 Importance order

これは、重要度の高いものから低いものに向かって配列する説明方法である。これも時間の枠には落とし込めず、より重要度の高いものを優先し、その度合いに応じて順序を決定する説明方法である。重要度の高さの基準を決定する際に、空間配列の知識とスキルが必要となるため、空間配列型の学習後に指導されるのが一般的である。

以上、最低四つの種類を理解し、そのスキルを獲得すれば、説明技術は格段に向上し、単純な説明文から小論文、論文、レポート、マニュアル、仕様書など、様々な説明的文章への対応が可能になるし、口頭でのプレゼンテーションにも応用できる。本書では、日本の教育現場で未学習の空間配列に絞り、具体的にその考え方を提示する。

3　空間配列型の説明

この型については、文章で説明する前に実際に経験してみたほうが理解に繋げやすいため、まず最も単純な対象を用いてその考え方を示してから、別の教材で応用力を深めることとする。

(1) 課題1　フランス共和国の国旗

フランス共和国の国旗について、国旗というものは知っているが、フランスのものがどのように見えるのか知らない相手に向かって、彼(彼女)が頭の中で想像できるように言葉だけでそれを説明するには、どこからどのように手を付ければよいだろうか。

①必要な事柄の取り出し

最初にすべきことは、必要な事柄の取り出し作業で、その時点で思いついたことをすべて書き出す。

②上位概念にまとめる

必要な事柄の取り出しを終了したら、図３－１の如く分類してまとめ（グルーピング）、上位概念（扱う対象により、「要素・観点・項目」など）となる名称を与える（ラベリング）。

③要素同士の関係性を考慮して優先順位を決定

図３－１　フランス共和国の国旗に関わる情報の整理と名称付与

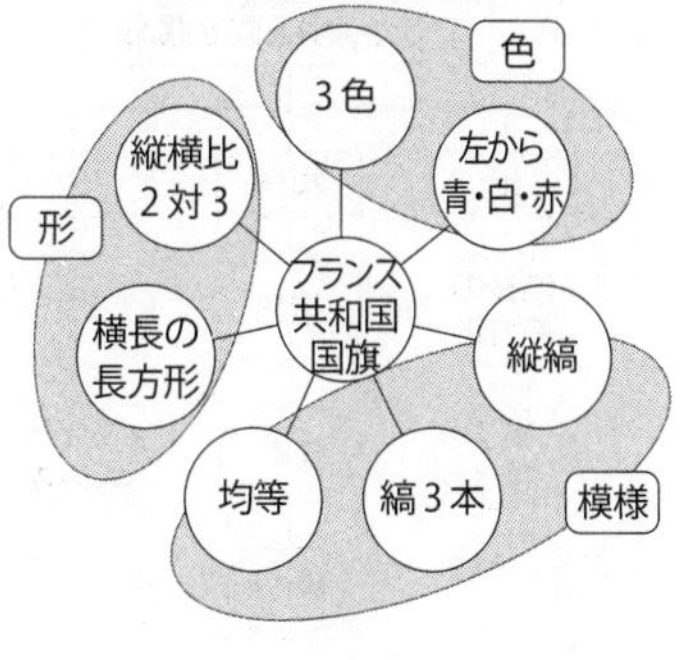

事柄を分類してグループにまとめ、各グループに名前を付けたら、それらの優先順位を決定する。この時考え方の要《かなめ》となるのが、要素同士の関係性であり、どの要素が他に対してより包括的かという点である。また、同時に一つ手前の要素との関係の深さも優先順位を決定する際の基準である。この基準に従って考えると、フランス国旗は、次の順序で説明可能となる。

・形　国旗そのものの形が、その他の要素の土台となっており、これを最初に提示しな

図3－2　フランス共和国の国旗のツリーマップ

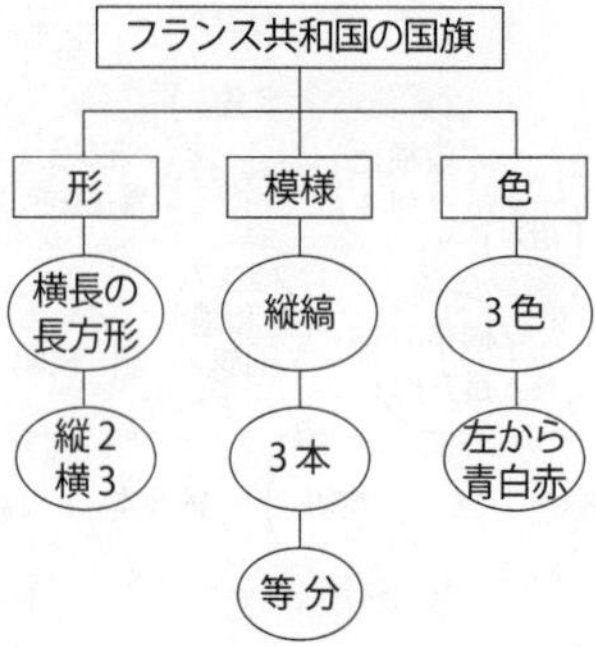

いと、その他のものの置き場所がない。つまりこの場合「形」が最も包括的な要素である。

・模様　模様は色を収める場所となるため、この場合は先に模様に言及しなければ色を示すことができない。

・色　色をはめ込む場所が既に提示されているので、最後の要素となる。

④組み立てのイメージ

③の優先順位の決定に基づき、フランス国旗の説明順序をツリーマップに示すと、図3－2のように整理できる。相手に伝えるべきトピックが「フランス共和国の国旗」であり、その構成の上位概念は、「形」「模様」「色」の順に配列される。さらにそれぞれの要素の中に含まれる具体的な事柄が、やはり情報の大きさ、包括の割合、あるいは一つ手前の要素との関係の深さ（繋がりの良さ〔transition〕）で決定される。

図3-3　空間配列の考え方（フランス共和国の国旗）

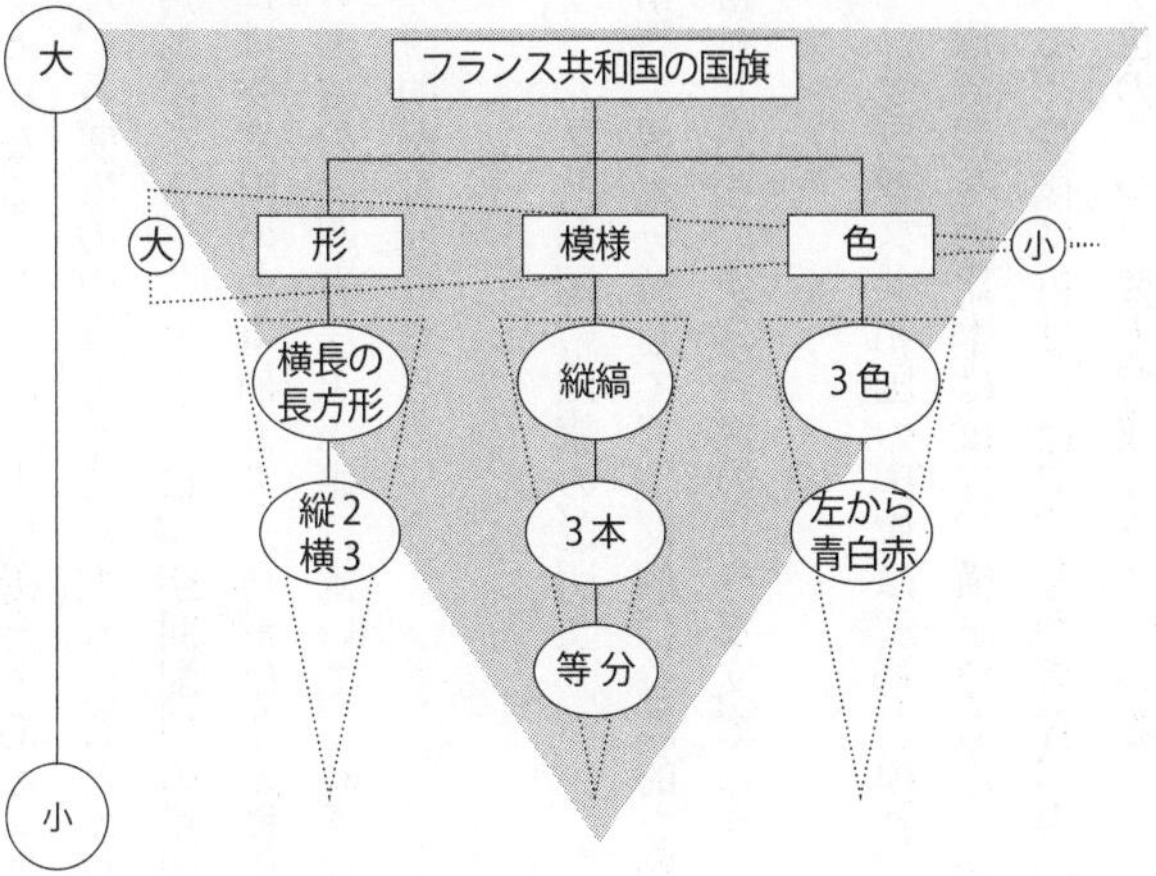

⑤空間配列の考え方

空間配列のキーワードは既に言及した通り、「大きいことから小さいこと」であり、別の言い方をすれば、受け手に対し、情報の見通し（概要・全体像）を常に先に与え、その上で詳細・部分の情報に移る。つまり、最初に相手に大前提となる「これから伝えるべきこと」の全容を与え、その上でいくつかある項目の中で最も包括的な事柄から順次並べていく。この考え方を④のツリーマップにはめ込むと逆三角形が複層的に並ぶことになる（図3-3）。「フランス共和国の国旗」に関わる情報を伝えるということがこの場合最も大きな情報なので、逆三角形の底辺がそこにあたることになる。さらに、上位概念である「形」「模様」「色」にも逆三角形の関係が成立する。また、各要素の中身もやはり大きいことから小さいことに向かって並ぶため、それぞれが逆三角形になる。このように、空間配列の説明は全体が逆三角形、また各要素が逆三角形、さらには要素内の各事柄も逆三角形に並ぶ構成になっている。これを頭に叩き込み、常にフランス国旗の説明方法を念頭に置いて、時系列以外の順序に従う説明に取り組むと、わかりやすい説明が可能となる。

⑥フランス共和国の国旗の説明文

情報を要素分解して、空間的に論理的な順序に配列し終えたら、いよいよ具体的に説明文に落とし込む。すると次のような文章になる。

フランス共和国の国旗は、形と模様、色の三要素で構成される。まず形は横長の長方形で、その比率は縦二、横三である。次に模様は縦縞で、三本の縞が等分に配されている。最後に色は三色で、左から青、白、赤である。このように同国の国旗は、形、模様、色の三つの要素で成り立っている。

フランス共和国の国旗の各要素についてもう少し詳しい説明を加えると、まず形については、「横長の長方形」のほうが「縦横比二対三」という情報より大きい。それは、「横長の長方形」と提示されれば比率は特定できないにしても、おおよその形がイメージでき、一方で「縦長の長方形、三角形、円形」などが排除できるからである。また、模様については、「縦縞」という柄に与えられている一般名称を用いれば多くの人が模様の有様をイメージでき、一方で星柄や水玉、横縞などの模様は排除される。その上で、縞が三本あり、さらにはそれらが等分に配されているという縦縞に関わる詳細情報を提示する。「色」については、三色と色の数をまとめて提示して，相手に色鉛筆が三本必要であることを予測させてから具体的な色名を列挙する。これは意見文などで用いるナンバーリング手法と同様で、先に数で言及するべき内容を示すことにより、相手は情報を受け取りやすくなる。

この文章の形式はパラグラフ（詳細は第4章）と呼ばれ、これは「描写型パラグラフ」に分類されるものである。この例に示したように、最初の一文（トピック・センテンス）で、フランス国旗を扱うことと、それがどのように構成されているかを上位概念である形、模様、色の三要素を挙げて提示する。すると読み手は、続く内容をおおよそ予測しうる。その上で、具体的に各要素を整理した順序通りにわかりやすい日本語に落とし込んでいく。最初の一文で、上位概念を「三」という数字で括れば、後に続く具体的な提示部分が三つの要素で構成されることが自明のため、「まず・次に・最後に」、あるいは「一つ目・二つ目・三つ目」という繋ぎの言葉を用いて、文から文へとうまく乗り継ぐ。さらに最後の文の冒頭に「このように」と入れて、それまで提示してきた内容の全体を受け、最初の文を少し異なる表現で再提示すれば終了である。

(2) 課題2 中華人民共和国の国旗

スキルを獲得するためには繰り返しが必要となるため、今度は中華人民共和国の国旗を用いて、同様の課題に取り組んでみよう。この国旗を空間的に捉えて要素を取り出すと図3－4のようになり、さらに取り出した各要素をツリーマップにはめ込むと、図3－5のような構成になる。

中国の国旗の場合、全ての要素を包括する全体の形の次に提示すべきは、「(地)色」である。これは、その面積が大きいというだけでなく、相手に既に渡している情報である「全体の形」そのものを塗りつぶすのが「(地)色」であり、つまり「全体の形」と「(地)色」の間には深い関係性が存在するからである。そのため、「全体の形」から「色」へは、首尾よく乗り継ぎ（transition）ができる。仮に「(地)色」を模様の後に置き、「色」をまとめて提示しようとすると、再度「全体の形」に触れる必要が生じ、ここに要素の繰り返しの提示（あるいは、逆戻りしての提示）という問題が発生する。説明においては、一つの要素については、最小限の回数しか触れないのが原則である。そのため、国旗の「形」全体を覆う「(地)色」については、「形」の次に処理する。

「(地)色」の処理後に着手する「模様」については、全体としてどのような模様があるかを提示し、相手におおよそのイメージを持たせてから、細かい様相を伝える。この法則に則って模様の配列方法を検討すると、「模様」という上位概念の下には複数の下位概念が並ぶため、それらにも順序をつけなければならないことが明らかになる。しかもこれら下位概念は、既に言及したように、模様の全体像を与えてから具体的な細かい情報を並べることとなる。

図3-4　中華人民共和国の国旗に関わる情報取り出し

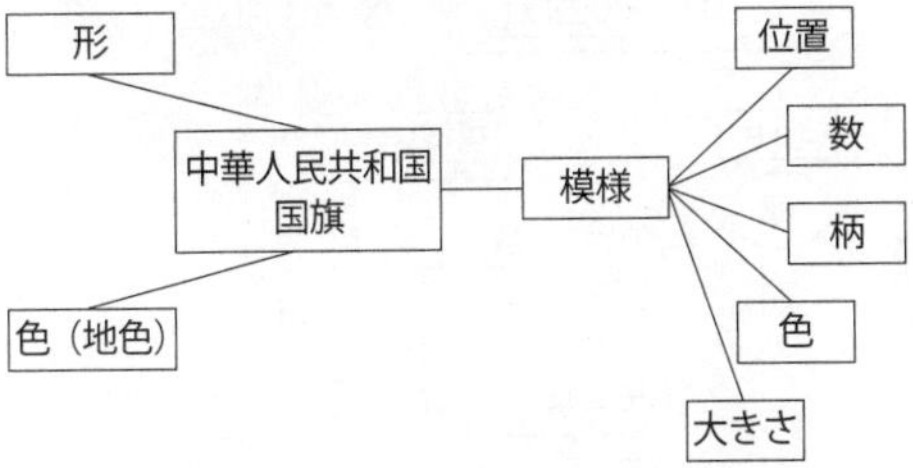

図3-5　中華人民共和国の国旗のツリーマップ

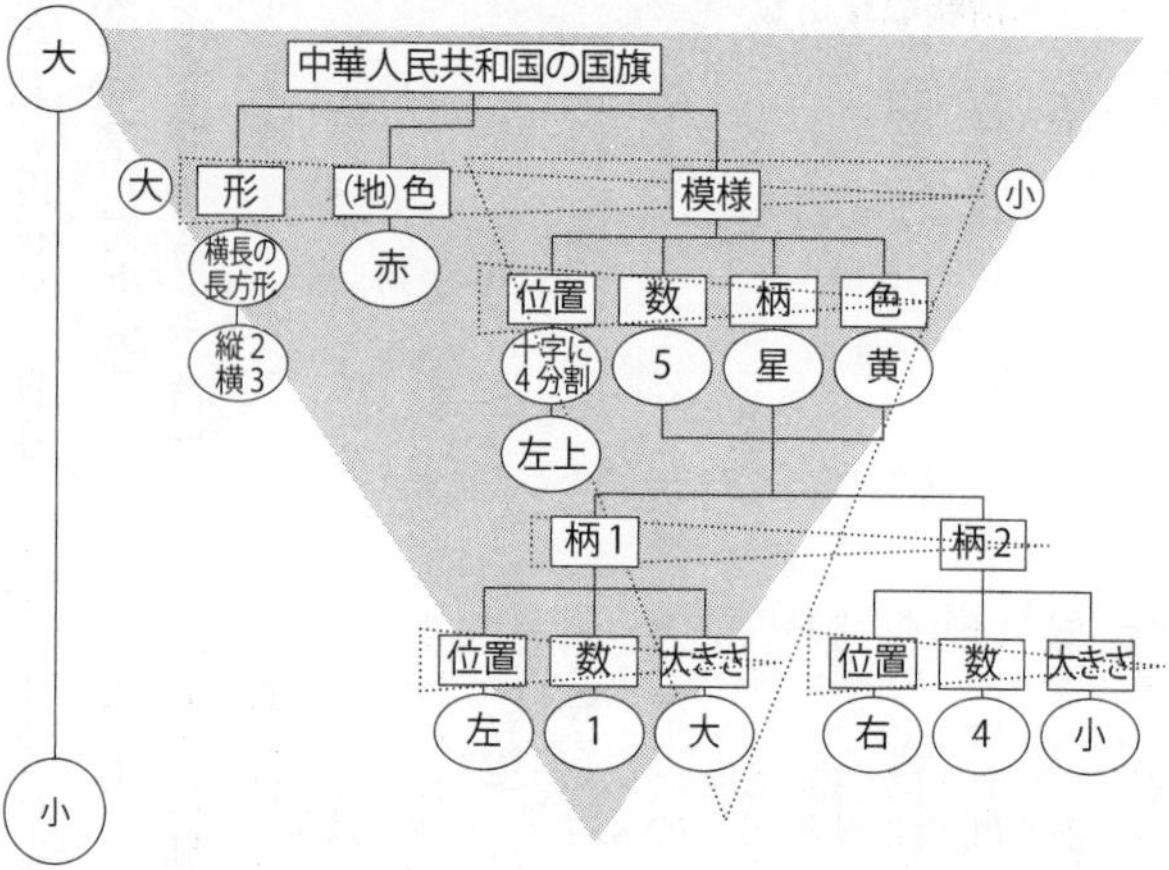

そこでまず、模様の全体像として提示する必要があるのが、「位置」と「数」、「柄」、「色」である。これらの中で「位置」を最優先するのは、これが定まらないと模様の置き場がなく、加えて「模様」そのものの「位置」は、先の全体の「形」と深く関わり、それに言及しないと「位置」の提示が不可能だからである。そして、ここで「位置」を確定すれば、この先の説明で旗全体に戻る必要がなくなり、その後は「模様」の具体的な様相だけに集中できる。この「模様」自体の全体像は、「数」「柄」「色」の順に配列する。「位置」の次に「数」が来るのは、それを提示すれば、「柄」を置くべき場所の区分けのイメージがおおよそ伝達されるからである。その

後に、「色」を入れるべき「柄」、そしてその中に入る「色」の順で配列する。但し、この場合、「色」は一色に過ぎず、「柄」を形容するのみなので、日本語や英語、ドイツ語では、「色」は「柄」の形容詞として前に出して差し支えない。必ず「柄」を前に置かなければならないのは、複数の色がその中に入る場合である（言語によっても、文法的に「柄」「色」の順で来るものがある。例えば、フランス語のモン・ブランは、「山・白い」の提示順序である）。

続いて、「五つの星」について、その状態を細かく説明する。これは便宜的に、「一つ」と「四つ」に分割する。そして、まず左側の大きいほうから「位置」「数」「大きさ」の順で処理し、続いて小さいほうについて同じく「位置」「数」「大きさ」の順に処理する。ここで「位置」「数」の順に置くのは、一つ手前の「模様」全体の情報が「位置」「数」の順になっているためで、混乱を避けるためにこの順序が踏襲されなければならない。また、二度繰り返される「位置、数、大きさ」の順序も必ずそろえる。感覚で両者の順序を変えると、途端に情報が混乱するからである。ついでながら、この「位置・数・大きさ／柄」はそのまま英訳可能な順序でもある。英語では文法的に、情報の配列順序が明確に決められているため、空間的な配列順序に迷う必要もない。

ちなみに、中華人民共和国の国旗の場合は、フランス共和国の国旗と異なり、「模様」において「数」が「色」と「柄」に優先する。というのも、「縦縞」という一般に通用する柄の名称が存在するフランス国旗の場合とは異なり、こちらの場合は、「五つの黄色い星」で一つの模様が構成されているからである。

この考え方に従って文章を起こすと、次のようになる。

中華人民共和国の国旗は、形と色、模様の三要素で構成されている。まず形は横長の長方形で、その縦横比は二対三である。その（指示代名詞が、前の「横長の長方形」を指すため、これが実質的に繋ぎの言葉となる）色は赤である。この形を十字に四分割した左上の部分に模様がある。これは、五つの黄色い星から成り、左側に一つ大きいものが配され、その右側を四つ小さいものが前者を囲むように整然と並んでいる。以上のように同国の国旗は、形と色、模様の三つの要素で成立している。

(3) 課題3 アメリカ合衆国の国旗

最後の課題としてアメリカ合衆国の国旗を空間的に捉え（図3－6）、論理的な配列に落とし込んでみよう（図3－7）。作業方法は同様ながら、上位概念として立てる要素がこれ

図3-6 アメリカ合衆国の国旗に関わる情報取り出し

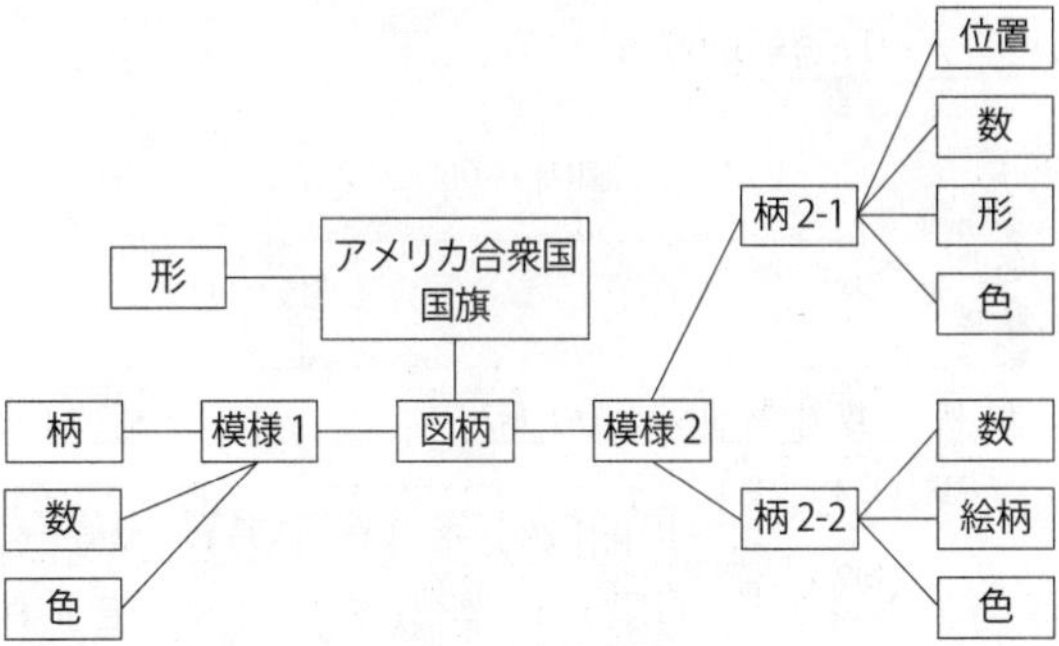

までとは異なり、この国旗の場合は、大きく二つの模様があると捉え、それぞれをどのように配列すれば論理的に有効なのかを考える必要がある。

情報の整理分類の際には正解があるわけではなく、重要なのはどのように整理すれば最もわかりやすく情報提示ができるのか、この一点に尽きる。そのため、扱う事柄が変わるたびに、臨機応変に柔軟に思考する必要がある。今回の課題であるアメリカ合衆国の国旗の場合は、全体の「形」が他の要素を包括する最も大きな情報であることはフランス、中国の両国旗と同じである。しかしながらそこから先、地模様ともう一つ左上にある模様とを単純に大きいものから提示すると見通しが立ちにくいため、最初に、二つの柄を「図柄」としてまとめ、その後でこれを便宜的に「模様1」「模様2」に二分割して大きい模様から小さい模様へと説明を運ぶ。

図3-7　アメリカ合衆国の国旗のツリーマップ

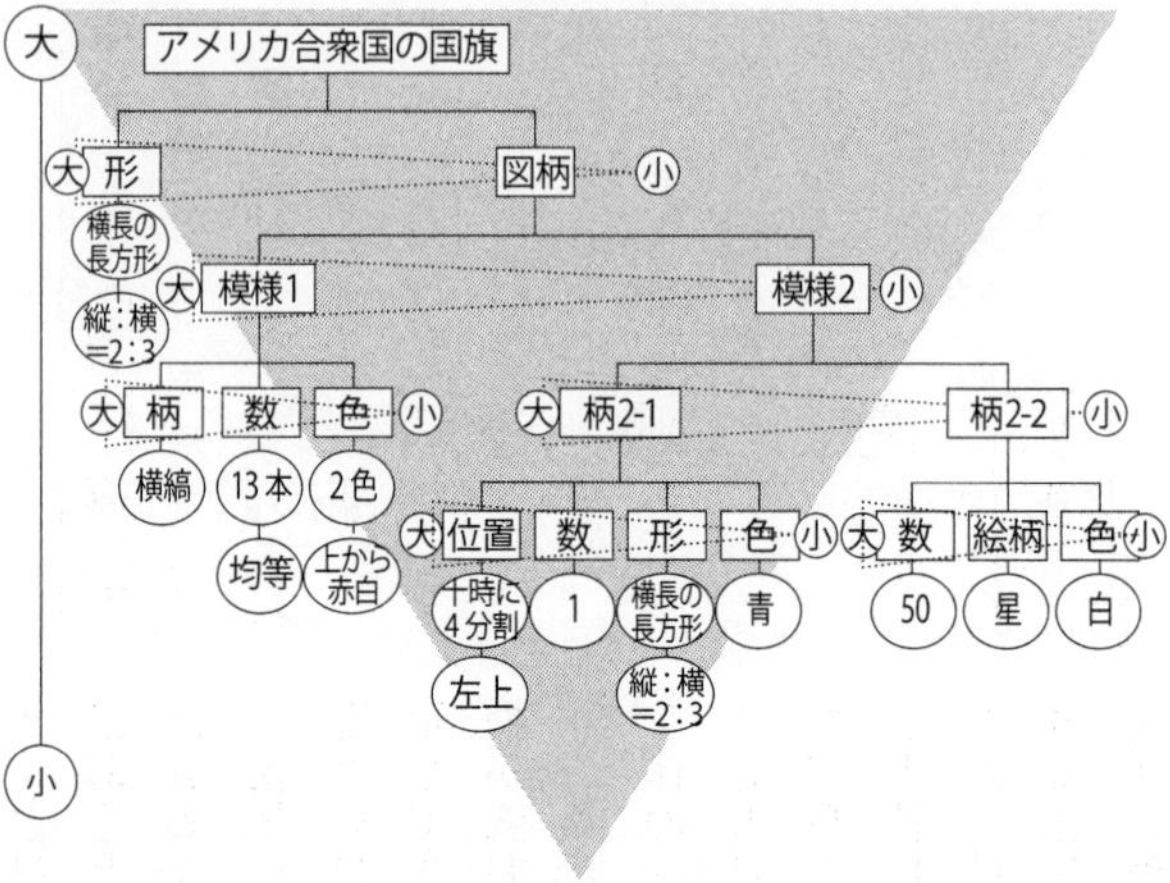

「模様1」に値するのは、面積の大きさもさることながら、その一つ手前の処理情報である「形」に直接繋がる「横縞」部分である。この部分は、フランス国旗の場合と同じく、「柄」「数」「色」の順に提示する。

一方、「模様2」となる左上の星の部分は、まとめて言うには要素が多すぎるため、さらに二分割し、「柄2-1」と「柄2-2」に分類する。前者にあたるのは、「模様2」の土台にあたる部分の青い四角である。これについては「位置」「数」「形」「色」の順で配列し、後者のその中身の絵柄については、「数」「絵柄」「色」（これは日本語での記述の際には順序が前後する）の順で並べる。

アメリカ国旗についての説明文は、最終的

に次のようになる。

アメリカ合衆国の国旗は、形と図柄の二要素で構成される。まず形は横長の長方形で、その縦横比は二対三である。* 次に図柄は地模様とその他の二つに分割される。前者は横縞で、十三本の縞が均等に並んでいる。その色は二色で、上から赤白交互の順である。後者は、全体を十字に四分割した左上に位置する一つの横長の長方形で、縦横比は二対三、その色は青である。そこには五十個の白い星が整然と並んでいる。以上のように同国の国旗は、形と図柄の二要素で成立している。

＊旗全体の形と星柄部分の四角は厳密には二対三ではないが、本章の目的は空間配列の実施方法の提示なので、その点にはこだわらないこととした。

(4) 空間配列のキーワードは逆三角形と入れ子状

既に述べたように、空間的に捉えた情報の配列方法は逆三角形、と認識すると、この発想方法を利用して、時系列で組み立ての利かない様々な情報の配列に利用可能である。但し、

図3-8 空間配列と入れ子状

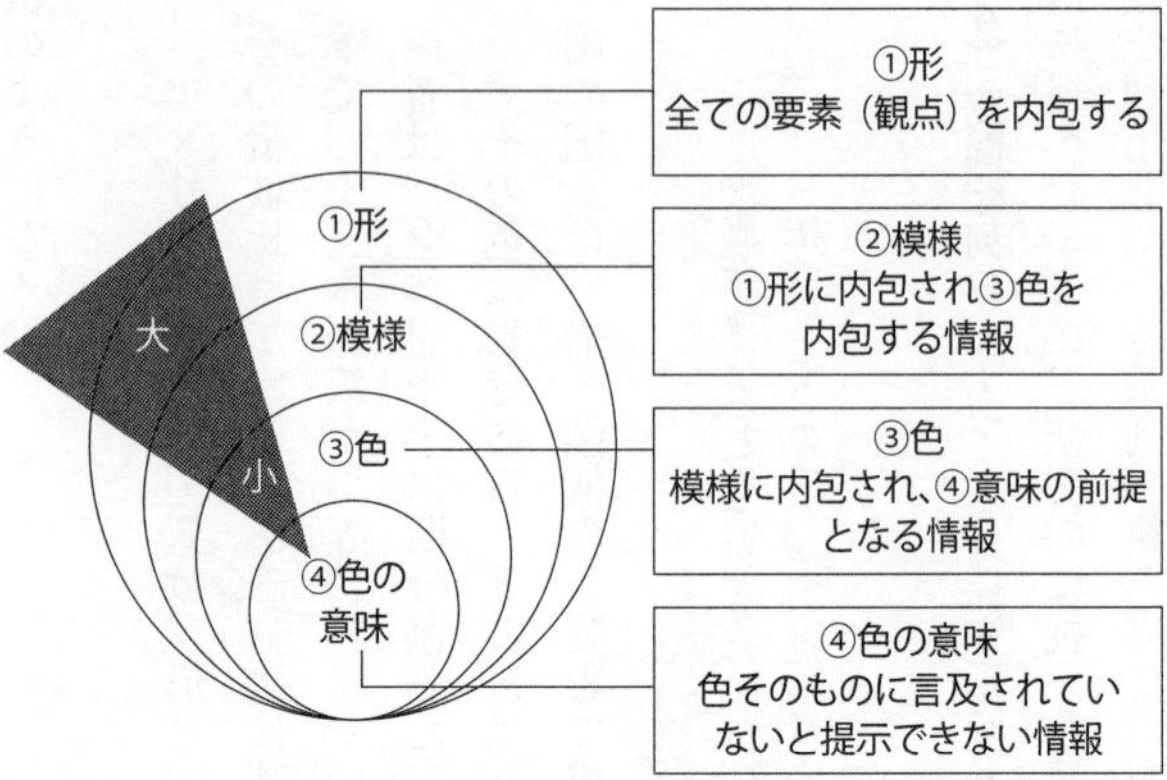

逆三角形は、これまで考察の対象としてきたような具体例が伴わないと想像が難しい。そこで、もう一つ同時に頭に入れておくべきなのが、「入れ子状」という考え方である。フランス国旗を例にとると、次のような考え方になる。

図3-8に示したように、一番外側にあり、最も包括的なのが「①形」である。これを前提として提示しうるのが「②模様」であり、さらにこれを前提としてそこにはめ込むのが「③色」である。もし色の意味を説明したい場合は、当然のことながら③に言及せずにはできないので、「④色の意味」となる。そして、円の最も外側が「大」の情報、その最も内側が「小」の情報と覚えておけば、いつでもどこでも応用の利くスキルとなる。

表3-1　樹形図からアウトライン、そして文章化への道筋

アメリカ合衆国の国旗の空間配列に基づくアウトライン

1. アメリカ合衆国の国旗＝形と図柄の2つの要素で構成
2. 形と図柄の具体的な構成要素
    - 2.1　形：横長の長方形・縦横比2対3
    - 2.2　図柄：2つの模様に分割
        - 2.2.1　模様1：地模様
            - 2.2.1.1　柄：横縞
            - 2.2.1.2　数：13本
            - 2.2.1.3　色：2色・上から赤白交互
        - 2.2.2　模様2：その他の模様
            - 2.2.2.1　柄1：柄2の土台
                - 2.2.2.1.1　位置：全体を十字に4分割した左上
                - 2.2.2.1.2　数：1
                - 2.2.2.1.3　形：横長の長方形・縦横比2対3
                - 2.2.2.1.4　色：青
            - 2.2.2.2　柄2：星柄
                - 2.2.2.2.1　数：50
                - 2.2.2.2.2　絵柄：星
                - 2.2.2.2.3　色：白
3. 同国国旗＝形と図柄の2要素で成立

パラグラフとの対応

1	Topic sentence（概要）
2	Supporting sentences 具体的説明 2.1（SS1）形 2.2（SS2）図柄 2.2.1　模様1 2.2.2　模様2 2.2.2.1　柄1 2.2.2.2　柄2
3	Concluding sentence（結論）

（5）空間配列からアウトライン、さらには文章化へ

説明的文章の記述には、パラグラフという形式の理解（第4章）に加えて、時系列や空間配列などの情報を論理的に秩序立てて配列する知識が不可欠であり、さらにはそれをアウトライン化して、文章を書くためのいわゆる「目次」を作成する技術、そして最終的に文章化するための技術が必要となる。ここでは、パラグラフの構成に関わる説明に先立ち、アメリカ合衆国の国旗のツリーマップを元にしたア

ウトラインを例として示す（表3－1）。

このように、対象となるアメリカ合衆国の国旗を空間的に配列してツリーマップに落とし込み、さらにそこからアウトラインに繋げることが自由にできるようになると、文章の記述が一気に楽になる。アウトラインの立て方は、アルファベットやローマ数字、日本の場合はひらがなやカタカナを用いるなど、様々な方法がある。筆者の場合は、ドイツの高校で馴染んだ数字を用いる方法が単純で使いやすいため、ここに提示したのはその形式である。

4　重要度型の説明

重要度型の説明は、「大きさ」ではなく、「重要度」を基準として配列をするのが基本である。しかしこの場合も実は、空間配列の際の「大から小へ」の考え方が応用できる。最も包括的で、それを前提としないといずれの説明にも着手できないものが最優先される。感覚的に要素Aが重要だから優先するのではなく、他の要素に先んじて提示する論理的必然性があるからこそ重要度が高くなるというわけである。

欧米の母語教育の教科書を見ると、「空間配列」の考え方の学習が置かれているのが、おおよそ十歳前後、ちょうど感覚を理論に置き換えることが可能になる年齢である。その後に、より抽象的な思考が必要となる重要度型の配列を学ぶため、情報の大小によって優先順位を捉える能力は、重要度の判断にも適用されることになる。

5　時間配列型と空間配列型を適材適所で使い分ける

説明についてはこれまで述べてきたように、大きく分けて時間配列型と空間配列型の二種類があり、とりわけ日本で学習しない空間配列型の説明方法を身に付けることは、わかりやすい説明をする上で極めて重要である。但し、ある対象について説明をする際に、どちらか一方のみを利用することは少なく、多くの場合は、時間型と空間型とを適材適所に使用しつつ、混在させて情報を組み立てる必要がある。例えば、説明文の全体の構成は空間配列型でありながら、その中で必要に応じて、時間型で配列される説明が紛れ込む場合などがそれである。長い調査書や報告書、論文などの場合には、このような事態が頻繁に発生する。但しその場合、全体の構成には空間配列型を用い、その中で時間型を用いるのが一般的である。これについては第4章に譲ることとする。

6　応用の利く空間配列の能力

対象を空間的に捉え、各要素を取り出してその優先順位を決定する能力は、説明のためだけではなく、ものの考え方そのものに影響を与える。このことを最も明瞭に筆者に教えてくれたのは、小学生の子ども達である。彼らには小学校二年生のころから、単純な子ども用の財布やいわゆるお稽古バッグなどの教材を用いて空間配列による描写の訓練を始める。小学校低学年にとって、国旗は抽象度が高いために扱いが難しいが、単純な子ども用の絵入りの財布のようなものなら、具体的なので考えやすいからである。子どもにとって（実は大人にとっても）、「縦縞」を「模様」に置き換えるのは難しいが、「飛行機」を「模様」と捉えるのは容易である。すると、数回訓練を繰り返すうちに、彼らの中で「大きいもの」「小さいもの」の感覚が芽生え、四年生後半あたりからは、その感覚が様々な対象に応用できるようになる。例えば、話し合わなければならない議題における複数の観点についても、何が包括的で大きく、どの要素が他の要素に含まれるのか、何をもってある事柄を他の事柄に優先して取り組まなければならないのか、そのようなことを彼らは根拠に基づいて考えることができるようになる。このような子ども達と話をしていると、しばしばごく自然な形で、「先にAを考えないと、他のものについては考えにくい、なぜならAのほうがBやCよりも大きいから」などという指摘が出てくる。この考え方が共有されているので、それはすんなりと他の子ども達にも受け入れられる。あるいは、それが非論理的であると感知されれば、何をもってその意見が妥当でないのかが指摘される。また彼らは、「全体と一部」、「Aの情報がBやCの土台になっている」など、別の言葉で言い換えることもできる。これは彼らが空間配列の原理を完全に理解しているからこそその発言である。

この空間配列の理屈の理解はまた、対象を逆に小さなものから大きなものへと並べることも可能にする。例えばある対象を相手の反応や様子を見ながらアピールしようとするとき、敢えて原則通りの順序に要素を並べず、ひっくり返すことによって相手の興味を引き出すことも可能になる。大から小への組み立てを明確に理解しているからこそ、その逆も可能なのである。

一度このような考え方が感覚として共有されると、それは様々なものへ応用が利くようになる。ある作戦について考えるとき、どのような要素（観点・項目）をどのような順序で組み立てれば戦略的に有効か、「ドッジボールについての説明」を行うとき、どのような観点をどの順序で並べるか、「両親に修学旅行の報告」をするとき、どんな項目をどんな順序で配列すれば、彼らが最も知りたいことを建設的に知らせることができるか、携帯電話のマニュアルはどのような順序で作成すれば利用者にとって最も使い勝手が良いかなど、喩《たと》えを挙げればきりがないが、要するに、この「空間的に対象を捉えて配列する技術」は、一度感覚として獲得すれば、社会生活をする上での様々な状況に落とし込み、使いこなすことができるのである。

筆者が指導を担当している公益財団法人日本サッカー協会におけるコーチのためのライセンス講習でもこの空間配列の指導は欠かせない。言葉の指導なので、その指導はコーチングにおける説明のためのものと考えられがちであるが、筆者はたくさんの子ども達に指導してきた経験から、空間配列の技能が説明のためだけのものだとは考えていない。対象について、即座に要素を取り出し、その優先順位を考える能力とは、すなわち、全体を見て、そこにある個々のものの関係性を判断する能力でもある。目の前にある状況を素早く捉え、そこに含まれている個々の要素がどのように絡み合っているのかを瞬時に判断できれば、それは恐らくピッチ上での判断にも関わっていくに違いない。

言語技術教育実施国では、この空間的に情報を捉える訓練は十歳前後、すなわちスポーツでしばしば言われるところのゴールデンエイジに置かれている。これは、大脳の可塑性（一度特定の機能を獲得した神経細胞が、それを基に他の機能を獲得する性質を指す）が比較的高く、運動における動作習得が最も好条件になる時期を指す。言葉の訓練もこれに通じるところがあり、それまでの指導を感覚的に受け止めてきた子ども達の中で、メカニズムとしてその感覚が働き出すと原理原則に対応するようになり、それと共にその応用範囲が広がる。この時期に、空間配列の考え方をしっかりと指導するということは、要するに、そこから先の人生において、彼らが「全体と部分」に根ざして物事を捉えて考察できるようになることを意味し、それが説明の範疇にとどまらないであろうことは自明である。

7　絵の描写

空間配列の知識と能力なしには成り立たないのが絵の描写（Description）、すなわち目の前に広がる情景や絵画や図面など、視覚で捉える情報の言語化である。絵の描写の場合も忘れてはならないのが、大きなものから小さなものへ、また論理的に繋がるように情報を配列することである。

図3-9　灯台のある風景

絵の描写の実施方法
①絵の形
②構図（絵の全体像の伝達）
③細部

図3－9のイラストレーションのようなものの場合、まずその絵が収まっている「形」を示した後に「構図」に言及し、最後に「絵の細部」の提示をする。絵そのものの形に続いて「構図」の情報を入れるのは、それにより受け手が絵の全体像について大まかなイメージを抱けるようにするためである。また、細部の情報である具体的な風景については、基本的に手前から奥、左から右の順序に従って配列する。但し、左から右の順序は絶対的なものではなく、その一つ手前の情報との繋がりを考慮した上で、右から左もありうることを念頭に入れておく。要するに重要なのは、相手が頭の中で伝達される情景の像を結びやすいような順序で言葉を組み立てていくことである。

①絵の形
やや横長の長方形、縦横比は縦1対横1・2。

②構図
縦軸が三分割され、一番下が海、中央が山並み、上が空。

あるいは、先に言及した横長の長方形を前提に、「水平に三分割」も可。

いずれにしても、構図を伝達することにより、イラストレーションの大まかな全体像が示され、どこに何があるのか、情報の受け手はおおよそのイメージを描ける。
③細部
（一番下に描かれた）海の中央よりやや上の部分に島があり、これは横軸の左四分の一から右端までを占める。その上には、左側に塔状の構造物（灯台）、その右側には家屋のような建物がある。それらの影が、逆さに海の上に映っている（海に映る影については、建物自体に言及してから触れる。この場合、既に言い終わっている海に立ち戻ることにはなるものの、本体に言及しないまま影の情報を出すことはできない）。

灯台の後方にある海岸線の上には、山並みが連なる。

（一番上の）空の左側部分（横軸四分の一部分）には満月（あるいは太陽）がある。

情報を言語化する際の厳密性については、伝えるべき相手の要求に応ずる。ここで扱ったイラストレーションの場合、例えば灯台とその脇の建物についてさらに詳細な情報提示をすることも可能である。大まかな情報提示で十分であれば、灯台と建物についてはざっくりと扱い、場合によっては横軸四分割の情報も外す。また、色についても必要に応じて入れる。その場合は、一つ一つの細部に触れる際に色情報を落とし込む。

この「絵の描写」も文章化が可能で、例えば次のようになる。

この絵は、満月の晩、海に張り出した陸地に立つ灯台が描かれたものである。絵にはやや横長の長方形である縦横比1対1・2のキャンバスが使用されており、その構図は、縦軸が三分割され、一番下が海、中央が山並み、残りは空である。海の部分の中央よりやや上の部分に島があり、これは横軸の左四分の一から右端までを占める。その上には、左側に塔状の構造物、その右側には家屋のような建物がある。それらの影が逆さに海上に映っている。この建物の背後に見える海岸線の上には山並みが連なる。そして空の左側部分には満月がある。このようにこれは、満月の照る海の上に突き出た陸地に、灯台がそびえる様子が描かれた絵である。

8　一覧表などへの空間配列の応用

旅程、日程、実施要項、時間割などの一覧表を文章化する際にも、空間配列の考え方が応用できる。この場合も絵の描写と同じく、全体の構図（構成）を示し、概略図を提示してから詳細に至ることになるものの、視覚でそれらが捉えやすい絵とは異なり、文字や表で提示された情報から構図や概略図を取り出すことになるため、多少難しさを伴う。しかしながら、この方法を理解すると、要項などの内容について素早く簡潔に情報伝達できるようになるばかりでなく、例えば点字化された日程表などを指でなぞるしか情報共有の手段がなかった人達への大まかな情報提示が簡単になる。

次のような要項を短い文章にまとめるには、必要最低限の大きな情報（網掛け部分）を前に出し、それらを前提に日程に関わる情報に進む。また、この日程自体も、大枠を先に提示し、詳細に進む。

二〇二〇年度の国際交流に関わる講習会は、国際交流に取り組む教員の資質向上を目

2020年度　国際交流に関わる講習会実施要項

1. 目　　的　国際交流に取り組む教員の資質の向上を図る。
2. 主　　催　○○省、△△教育委員会、□□協賛
3. 期　　日　2020年7月16日（木）～7月17日（金）　2日間
4. 会　　場　○○センター研修室（港区△△）
5. 参加者
   ① 資格　教員
   ② 募集人員　90名程度
6. 講習内容　教育現場における異文化理解とコミュニケーション技術
   (1)　○村　太郎　○○大学国際関係学部教授「異文化理解」
   (2)　□田　香　　○○大学非常勤講師「世界の宗教」
   (3)　○池　雄大　○○英語教育研究所「英語と日本語」
   (4)　三森ゆりか　つくば言語技術教育研究所「言語技術」
7. 日　　程

	9:00	9:20	9:30	12:30	13:30	16:30
7月16日（火）	受付	開講式 事務連絡	「異文化理解」 ○○大学国際関係学部教授 ○村　太郎	休憩	「世界の宗教」 ○○大学非常勤講師 □田　香	
7月17日（水）	受付		「英語と日本語」 ○○英語教育研究所 ○池　雄大	休憩	「言語技術」 つくば言語技術教育研究所 三森　ゆりか	

的とし、七月十六日（木）と十七日（金）の二日間、九時から十六時半まで港区△△の○○センター研修室にて実施される。参加資格は、教員であること、募集人員は九十人である。内容は、教育現場における異文化理解とコミュニケーション技術である。講習は四人の講師の講話で構成され、午前と午後に各三時間ずつ実施される。一日目が「異文化理解」と「世界の宗教」、二日目が「英語と日本語」と「言語技術」となる。

このようにして情報を配列してみると、空間配列のスキルがどのように応用できるかが具体的になるだろう。

9　企業などでの研修例が示すこと

本章で主に扱った空間配列については、筆者が実施した企業研修や教員研修において、参加者から非常に具体的な指摘があったので、左記に四点ほどまとめる。

一つは、あるメーカーの研修でのことで、筆者の空間配列の説明中に大きく手を打ち、長年の疑問が解けたと発言した参加者がいた。彼は多年イタリアに駐在し、イタリア人達と日本人との間で説明が通じにくいことを実感しており、それが言語ではなく、もっと別の点に根ざしているのではないかと感じていたという。そしてその彼の頭から離れなかったのが、現地に滞在中に目にした一枚のＤＶＤに録画された議論の映像だったという。そこにはフランス人、アメリカ人、英語の堪能な日本人二人の計四人が登場し、ある機器の説明方法についての話し合いが、共通言語である英語でなされていた。この録画を見た際に彼にとって腑に落ちなかったのが、その話し合いに日本人が最後までほとんど絡むことができず、米仏二人の技術者の間で話がどんどん進められていった点だったという。そして、筆者の研修で空間配列の方法を扱った際に、彼はその時の不可解に初めて合点がいった。「この考え方を共有しているかどうかの差だったのですね」と、彼は興奮した面持ちで発言し、「米仏二人の欧米人達は、空間配列の考え方を共有しているからそれを当然のように用いて優先順位を決定し、その上で各部分の具体的検討を進めていった。ところが、それを共有していなかった日本人二人は何をもって彼らが優先順位を決定しているのかを理解できず、結局蚊帳《かや》の外に置かれたわけですね。英語ができる二人がなぜ発言できなかったのか、そのことがずっと引っかかりすっきりしなかった。ようやく霧が晴れた気がします」と続けた。

これは、英語という外国語で議論がなされていたために、問題が言語にあるのか考え方にあるのかが見えにくくなっていた例である。しかし、この参加者は、英語が堪能なはずなのに議論に加われない二人の日本人の様子がずっと忘れられず、何が原因なのかと考え続けてきたという。

次に、別の企業の研修で出てきたのは、問題が英語の流暢さにあるのではなく、話の組み立てにある、というものだった。こちらはドイツでの話で、日本人の担当者が交代したことによって顕在化した問題であったという。新任の担当者は英語が前任者よりも堪能なので、それによって仕事が円滑になったのではないかと、日本から出張した上司がドイツ人の担当者に質問をしたところ、その返事は期待を裏切り、「新任の担当者は、確かに英語は堪能である。しかし、前の担当者のほうが話の組み立てがわかりやすく、従って仕事が速やかに進んだ」というものだったという。ここでも問題となったのが、考えの組み立て方であり、それが英語そのものの流暢さよりも重要視されたという点である。

これらはいずれも英語という日本人にとっての外国語で行われた話し合いだったため、一般的には言語の問題として片付けられがちな事柄である。しかしながら問題は本当にそこにあったのだろうか。右記の二点はいずれも空間配列の学びによって顕在化した問題の本質の例である。

さらに、空間配列の考え方こそがプログラミングに必要であると指摘したのが、ソニーをはじめとするIT関係の仕事に従事する技術者の人々だった。複雑なプログラミングが、空間配列を用いた国旗の描写（説明）というあまりにも単純な方法で理解と説明に繋げられるということが彼らを感激させた。同様に、IT関係のマニュアル作りをする人々が弊所の研修に複数参加し、そのわかりやすい組み立てを目指している。

最後に、視覚障害者を対象とする特別支援学校教員の免許更新研修の依頼に応じて実施し、高い反応を得たのがこの絵の描写の方法だった。その研修の参加者は、七割近くが視覚に何らかのハンディキャップを抱える人達で、視力に問題がないのは三割程度とのことだった。

こうした人々の情報入手は、基本的に点字か音声となる。例えば、彼らの研修において、これまで一覧表は冒頭から順に読み上げられており、最後まで聞かないと全体像が見えなかったそうである。ところが、空間的配列が共有のスキルとなれば、効率よく情報伝達が可能となり、時間短縮にも繋がる。また、これまで「観る」ことのできなかった絵を頭の中に映像化することも可能となる。彼らの反応は、筆者にとっても感動的ですらあった。

10　日本でも実は空間配列の考え方は使われている

この考え方は、実は日本語でも法律や理系の文章では特に珍しいものではない。ただ問題は、その配列が様々な文章に応用可能であり、しかも方法さえわかれば子どもにも理解できるということを教育の中できちんと学習する機会がないことである。そのため、例えば法律の文章は馴染みがないためにひどくややこしく感じられ、また理系に進む人達は、大学や大学院で論文を書く際に初めて「理系の論文」の組み立て方に接するため、既存の論文などを頼りに執筆するしかないことになる。

法律に関わる文章について言えば、例えばウィキペディアで「日本の法令の基本形式」を調べると、その「項」については、最初に定義を提示し、次にその内容が複数の文から成立する場合に用いる名称（前段・後段）、さらにその後段が「ただし」で始まる場合の名称の変更について言及している。

項（こう）は、条の中に必ず1つ以上設けられる要素である。句点（「。」）で区切られる2つの文章から構成される場合、最初の文章を前段、あとの文章を後段という（3つの文章から構成される場合には順に前段、中段、後段という）。あとの文章が「ただし」で始まる場合、最初の文を本文、あとの文をただし書という。（引用1）

また、同じくウィキペディアで「大脳」についての説明を調べると、やはり同じように大脳全体の状態が最初に提示され、次にそれを前提に左右の半球の分割の様子、さらにそれを前提に大脳半球の表面について、最後にそれを前提に脳溝と脳回の詳細について、というように組み立てられている。

大脳（中略）は左右の大脳半球からなる。それらを隔てるのは大脳縦隔と呼ばれる深い溝であり、それは脳梁と透明中隔でつながるほかは完全に左右が分かれている。大脳半球の表面には、大脳溝（だいのうこう、Cerebral sulci）と呼ばれる溝が走り、その間に細長い大脳回（だいのうかい、Cerebral gyrus）を作っている。脳溝は俗に「脳のしわ」と言われるが、脳の成長にしたがって無造作にしわが寄るのではなく、どこにどのような脳溝ができるかは、深さ、曲がり方に多少の個人差があるものの完全に決まっており、すべての脳溝に解剖学上の名前（Nomina anatomica）が与えられている。脳溝と脳回の形は左右の半球でほぼ対称であり、特に目立つ脳溝は終脳の外側で吻側端から尾側のあたりまで走るシルビウス裂と、頭頂部の（吻側寄りでも尾側寄りでもなく）中ほどで背側端からシルビウス裂まで走る中心溝である。（引用2）

11　便利な空間配列の考え方

空間配列は非常に便利なものの考え方で、その配列の原理の理解は、情報の入手や出力に影響を与える。情報を読んだり、聞いたりする際には、その受け入れが楽になるだろうし、無線などの音声のみである状況を伝えなければならないときには、空間配列に「絵の描写」の手法を加えられれば、情報の質は格段と向上するに違いない。さらには、英語をはじめとする欧米言語圏では、教育の中で空間配列の指導をしているため、結果としてそれらの言語で表現される情報は空間配列に依拠している。そのため、ひとたび母語でその組み立てが腑に落ちると、外国語の理解や表現力も進むことになるであろう。

引用

（1）「日本の法令の基本形式」フリー百科事典ウィキペディア（Wikipedia）
（2）「脳」フリー百科事典ウィキペディア（Wikipedia）。専門的であるため、「終脳＝大脳」の説明文は省略

注

（1）堺屋太一、鈴木孝夫、木下是雄／言語技術研究会『マニュアルはなぜわかりにくいのか――日本語と経済の情報摩擦』（毎日新聞）１９９１

第4章　記述の形式　パラグラフ

―報告・連絡・相談の基本の型を身につける―

1　トレーニングの目的

本章のトレーニングの目的は、仕事に必要な記述の型であるパラグラフの理解である。社会に出て現場で働く際に、日本で母語教育を受けた多くの日本人が直面し、面食らうのが、「書けない」という事実であろう。仕事をするには、教育現場で漠然と考えられているよりも遥かに頻繁に記述の機会があり、これには文系理系の区別もない。にもかかわらず、教育課程でそのための対策が取られていないため、日本人は仕事の現場で立ち往生することになる。

日本では、記述力が特殊な才能として捉えられている節があり、そのための訓練を実施するという考えが欠落している。一般に日本の学校教育の中で書く作文は、本を読んで心に抱いた印象を文字化する「読書感想文」、楽しかった思い出などを記述する「経験作文」、そしてその後が突然レポートや小論文であり、論文である。前者二種類の作文については、多くの場合ほとんど指導がなく、書ける人は書けるし、書けない人は放置される。この種の作文を得意とするのは主に文系の生徒で、その括りに入らない生徒はこの時点で既に置き去りにされることになる。そして彼らは、小学校の時点での作文に対する苦手意識を抱えたまま、後者の文章に取り組むことになる。さらにとりわけ小論文については受験対策の中でのみ指導されることが多く、「序論・本論・結論」という大きな枠組みが示されるに留まり、それぞれの部位の役割や記述方法がその理論と共に繰り返し指導されるわけでもない。そのため、なんとなく作文を得意としてきた生徒達がなんとなく小論文を記述し、教員は大量の添削をなすすべなく抱えつつ、結局ほとんど指導らしき指導に手をつけられないまま生徒を卒業させることになる。そして致命的なのは、指導側に立つ教員自身も小論文を含む作文教育を受けていないことである。要するに、日本では作文については極めて安易に考えられ、その指導がないがしろにされている状況なのである。

言語技術教育において重要な位置を占めるものの一つが、記述力である。そのために同教育実施国では、既に述べたように文系理系にかかわらず大量に記述の課題が与えられる。但し、そのための責任を学校は負っており、小学校の早い段階（二年生くらい）から記述のための方法が指導されている。その基本が英語でパラグラフと呼ばれる形式で、それには様々な種類（意見型・描写型・物語型・比較と対照型・原因と結果型・論証型・分析型など）があるが、本章で扱うのは、その基本的な組み立て方法である。

2　パラグラフ

パラグラフ（Paragraph）とは、一つの内容（トピック）について意味的にまとまりのある複数の文の集合体であり、厳密に定められた形式に基づいて構成されるものである。一部の英語の辞書で「文段」と訳されるそれは、日本のいわゆる「段落」とは区別される。後者には意味のまとまりはあっても、その形式については、「一マス下げて書き始める」程度の規則しかないからである。

図4－1に示したのがごく単純なパラグラフの形式である。すなわち、最初の一文で読者にパラグラフ全体の見通しを与える。例えば、図のように最初に、「○○実施のための3つの行程Ａ　Ｂ　Ｃ」と書かれていれば、読者は、その先に続く文章の内容が「○○」についてを扱っており、さらにそれには

図4－1　パラグラフの組み立て

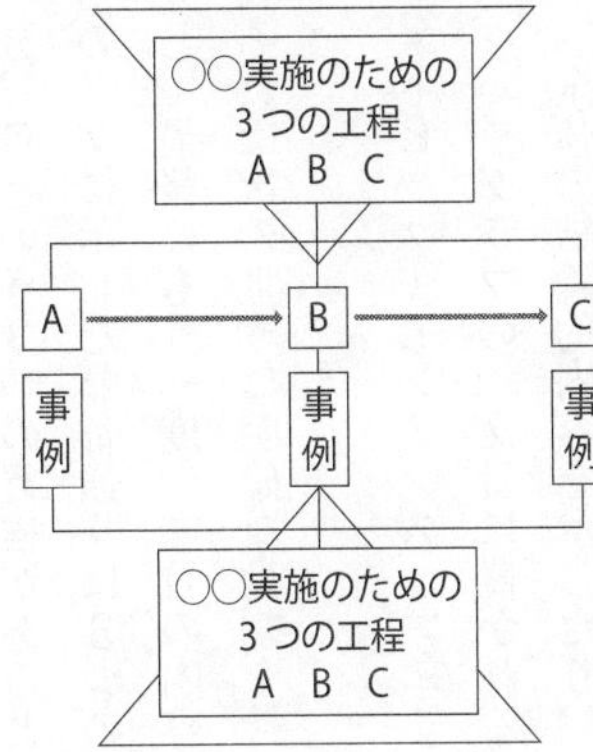

A、B、Cという3つの行程があるということをおおよそ把握できる。続く複数の文章では、最初の一文に示した順番通りに3つの行程について、説明したり、証明したり、事例を挙げたりし、最後にもう一度一文目の内容を別の表現でまとめる。各部分には名称が与えられ、それぞれは次のように明確な役割を持っている。

- トピック・センテンス（Topic sentence）＝TS
  パラグラフの一文目に置かれるのが一般的。

  全体の結論的内容を示したり、これから提示されることについて、相手がおおよその見通しを持てる文を示したりする。トピック（topic）とそのトピックを制御するアイディア（コントローリング・アイディア Controlling idea）＝CIで構成される。
- サポーティング・センテンス（Supporting sentences）＝SS
  （カタカナでは「センテンス」と表記したが、本来は複数形）

  トピック・センテンスをサポートする（支える）複数の文。理由（根拠）・説明・証明・事例などが置かれる。
- コンクルーディング・センテンス（Concluding sentence）＝CS

結文・まとめの文。トピック・センテンスを再提示するのがその役割。但し、間に挟まれたサポーティング・センテンスを踏まえて別の言葉で言い換える必要あり。

このパラグラフの形式については、本書の対話と説明の章で既に言及している。第２章の「対話」において紹介した「問答ゲーム」と第３章の「説明」における「空間配列」がそれである。この両者の組み立てを事前に理解していると、文章の記述におけるパラグラフの形式を身に付けるのが容易になる。

表４－１に示したように、第２章の「問答ゲーム」では、最初に結論を示し、次に理由を提示し、最後にまとめの文を述べるというルールを用いた。これはわかりやすく意見を述べるときの鉄則であり、同時に文章の基本の型でもある。そのため、問答ゲームの形式で日常会話が成立している欧米言語圏の人々にとっては、口頭と記述の型が連携していることになり、パラグラフ形式で自分の意見を記述することにさほど困難を伴わない。ところが、話す時の組み立てが異なる日本人の場合、パラグラフをそれとして理解しないとその形式での記述には繋げにくい。そのため日本の教科書でも「意見文」の書き方として、「最初に一番言いたいことを述べましょう」とわざわざ提示する必要が生ずる。これを踏まえると、事前に

表4-1 問答ゲーム（p.60）とパラグラフの関係

問答ゲーム		パラグラフ
結論（主語）	中距離列車にグリーン車があることに、時間の有効利用、疲労の軽減の二つの理由で、私は賛成である。	トピック・センテンス
理由	一つ目については、ある程度のまとまった時間を過ごすことになる車中での業務処理が可能である。グリーン車には座席前にテーブルがあり、そこにラップトップを置けば乗車時間を活用して必要な仕事を行ったり、あるいは書類を読んだりできる。二つ目については、疲労時には座席を傾斜させ、ゆっくりと休むことができる。乗車時間中に一眠りできれば、次の行動のための体力回復につながる。	サポーティング・センテンス
結論の再提示	結論として、時間を無駄にせず、また体力を維持するためにも、グリーン車の設置に私は賛同する。	コンクルーディング・センテンス

口頭で問答ゲームを理解し、身に付けておくことは、記述の型を獲得するためにも重要なことなのである。

一方第3章の「空間配列」では、各国旗を空間配列して示す際に、その第一文において読み手に全体の見通しを与え、それから具体的な情報提示を行う方法に言及した。その形式はまさにパラグラフであり、トピック・センテンスによって、その後に続く情報が事前に大まかに提示されれば、読み手にとってはその先の流れの予測が可能になる。国旗の説明においては、最初の一文で、その旗が「形、模様、色で構成されている」と示すことにより、読み手にとっては、その後の説明が、「形、模様、色」の順序で提示されるという見通しが立つことになるわけである。

3　トピック・センテンス

(1) 組み立て

パラグラフで記述する際に注意を払わなければならないのが、有効なトピック・センテンスの作成である。この形式において最も重要なのが、読み手を引きつけ、その先を読む気にさせる最初の一文、すなわちトピック・センテンスである。従って、その一文でどれだけ相手に見通しなり、予測なりを与えられるかが肝要となる。

トピック・センテンスは、基本的にトピックとコントローリング・アイディアとで成立する。トピック、すなわち「ある話題」を制御して、一定の方向付けをするのが後者の役割である。

例えば、「居間にある黒いアップライトピアノ」がトピックだとすると、これだけでは、いったい何を言いたいのかが不明である。つまり、「これは居間にある黒いアップライトピアノです」だけでは、「それが何なの？」という怪訝《けげん》な調子の反応が読者から返ってくることになる。話題である「居間にある黒いアップライトピアノ」には、様々なコントローリング・アイディアを付け加えることができ、それにより書き手が読者に伝えたい内容は大きく変わってくる。次のような具合である。

•トピック　居間にある黒いアップライトピアノ
•コントローリング・アイディア（CI）とサポーティング・センテンス（SS）の内容

①CI　音楽の道に誘った楽器
　SS　そのピアノが音楽の道に進んだ書き手に与えた様々な影響など
②CI　父が初めてローンを組んで購入
　SS　父がピアノを購入した経緯と事情、ローンの状況など
③CI　物置場
　SS　物置と言える状況、その状況に陥った理由など
④CI　古いながらも良質な音色

SS　古さの理由、良質な音色維持の根拠あるいは管理の方法など

このようにトピック（話題）が同じでもその話題を制御するアイディアが変わると、その先に続く文章の内容は全く異なるものになる。それだけに、トピック・センテンスを作る際には、話題であるトピックを決めるだけでなく、その方向付けを明確にする必要がある。

⑵　質

トピック・センテンスは、トピックとコントローリング・アイディアとから成立し、後者がその文の質を決定づける。つまり、後者の方向付けが明確であること、それこそがトピック・センテンスが機能するための必須条件である。

「これはアップライトピアノです」の類いは、トピック・センテンスとしては機能しない。それだけでは、その話題がどのような方向に行くのか読み手には推測できないからである。質の高いトピック・センテンスとは、その一文を読んだだけで、内容の見通しが立つものである。

次に示すのは、いくつかのトピック・センテンスの例に評価とその理由とを加えたもので

ある。パラグラフの最初の一文の作り方について、おおよその感覚を持てると、記述の際の困惑が減るに違いない。

×これは赤である。

（理由）「赤」の何について述べたいのかが不明。

△私は赤が好きである。

（理由）筆者が「赤を好きな理由」が提示されることは推測可能。パラグラフ学習初心者ではこのような文も寛容範囲。実際、英語の初級作文の教科書などにもこの程度の文が紹介されている。

○赤は一般的に、活力や情熱を表す色と認識されている。

（理由）「赤」の向かう方向性が示され、SSの内容として、「活力」「情熱」を意味する理由やその意味における活用方法などが提示されると推測可能。

右に示した「私は赤が好きである」が初心者には寛容範囲で、上級者には適さないのにはそれなりの理由がある。「あるものを好き」という背景には、必ずその理由が存在するため、

図4-2 トピック・センテンスの学習手順

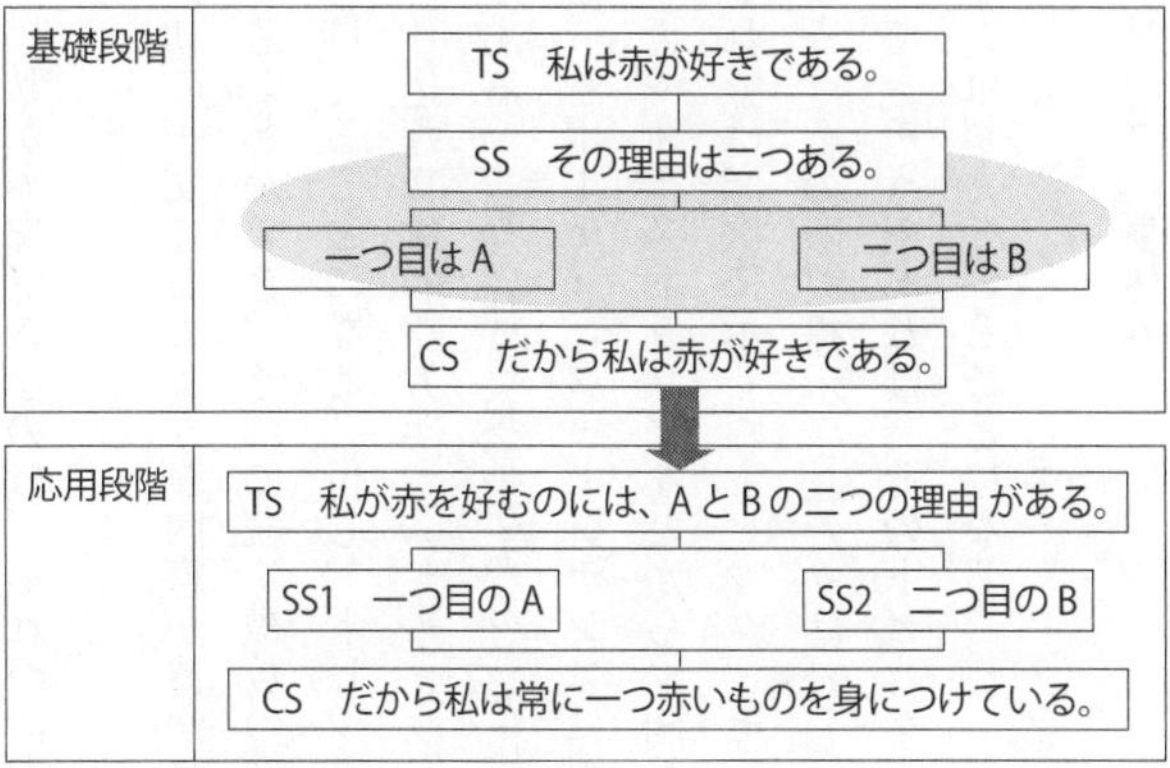

第二文以降にはその理由が示されることになる。
図4-2のような形である。

私は赤が好きである。その理由は二つある。
一つ目は、○○である。これは……である。
二つ目は、○○である。これは……である。

こうして文章に起こしてみると、最後まで読まないと理由の中身が明白にならない事実が明らかになる。そのため、パラグラフの形式に慣れた中級以降の作文指導では、最初から赤を好む二つの理由をトピック・センテンスの中に織り込み、続くサポーティング・センテンスでその説明を記述する方法が指導されることになる。

私が赤を好きなのは、それが活力と情熱とを表現する色だからである。

最初の一文にこのような内容が置かれれば、読者は最初の一文で筆者が赤を好む理由を把握することができ、それに続く複数の文で、それらの内容が具体的に提示されるという見通しを持てることになる。但し、トピック・センテンスに、続くサポーティング・センテンスに盛り込む具体的な方法をいきなり落とし込むのは存外難しいため、まずは、「私は赤が好きである」「私は社員食堂があることに賛成である」程度の評価「△」の文から出発することが、サポーティング・センテンスに慣れるためにも早道である。実際、小学校高学年でアメリカやオーストラリアなどから帰国した生徒の作文はこのような書き方がなされていた。

それでは、次に示したトピック・センテンスを用いて、具体的にその善し悪しを検討してみよう。その際、提示された文に対して、「だから何？」と問い返すと良い。それで答えが戻ってきそうであれば、そのトピック・センテンスが上質かどうかはさておき、一応の合格ラインは超えていることになる。

①トピック「夏休み」

・私はこれから今年の夏休みについて説明します。

この文に対して「だから何？」と問い返しても何も返ってこない。中身がないため、夏休みのことが書かれているらしいことは推測できても、その内容は不明である。

・夏休みに僕は沖縄に行きました。

この文も右同様、「沖縄に行った」以上のことは不明である。

・今夏の沖縄への里帰りは、故郷の意味を私に改めて考えさせた。

この文では、夏休みの意味が明確に示されているためトピック・センテンスとして成立する。

・社会人にとって夏休みは重要なのか？

日本の小論文指導で多いのが、このようにトピック・センテンス（または小論文の序論における論題）に疑問形を用いるように指示するものである。これが通用するのは恐らく日本語においてのみ、もっと言えば日本語でも入試小論文程度までで、大学入学以降は無用である。英語のパラグラフにおいては、トピック・センテンス（あるいは小論文の論題）は必ず断言しなければならない。なぜならこれらの文を疑問文にすると、書き手がその先どこへ行こうとするのかが読み手にとって不透明であり、そうした文章は読む価値のないものと判断されるからである。

②トピック「壁」

• 壁はどこにでもある。

壁は確かにどこにでもあるものの、その何についての記述なのかが不明瞭である。

• 壁には様々な意味がある。

「様々」がやや抽象的なため、△評価のトピック・センテンスである。

• 壁には、物理的、心理的に様々な意味がある。

「様々」が「物理的、心理的」で規定されたため、続くサポーティング・センテンスでは、両者の意味が示されることになるという見通しが立つ。

③トピック「犬」

• 日本では多くの人がペットに犬を飼っている。

これは、内容がありそうで実際には書きにくいトピック・センテンスである。この文を前提とすると、続くサポーティング・センテンスでは、どの程度の日本人が犬を飼育しているのかを統計的に示すのか、あるいはペットとして犬を飼う理由を示すのかが不明である。

・日本では、家庭で飼育される動物の○割が犬である。

このようにすると、続くサポーティング・センテンスを統計に基づいて組み立てることになる。

・ペットとして飼育される犬と人間の関係は、人間同士のそれと類似している。

こうすると、家庭における人間と犬の関係を人間関係と比較して述べることになる。

以上のように、パラグラフの質はコントローリング・アイディアの内容次第ということになるため、コントローリング・アイディアはパラグラフの方向性のみならず、その質をも決定づける非常に重要な要素ということになる。

4　サポーティング・センテンス

この複数の文の役割は、トピック・センテンスの提示内容を文字通り支えることである。

つまりこの部分に記述されるのは、トピック・センテンスに書かれた事柄の範疇にとどまる内容だけで、それ以上でも以下でもない。また、この部分では、先の文で述べられた事柄を、文法上どうにもならない場合を除いて、基本的にはその順序通りに示していく。トピック・センテンスで示したＡＢＣの事柄をすべて支えるだけでなく、勝手にＢＣＡと入れ替えることも許されないというわけである。

この点について、例を挙げて考えてみよう。

携帯電話の利便性は、持ち歩き可能で、時と場所を選ばずに電話とメールができる点にある。

この文では、トピックの「携帯電話の利便性」に対し、コントローリング・アイディアは、「(Ａ) 持ち歩き可能」「(Ｂ) 時と場所を選ばずに電話とメールができる」ことである。この場合、サポーティング・センテンスでは、まず「(Ａ) 持ち歩き可能」を明らかにし、それから「(Ｂ) 時と場所を選ばずに電話とメールができる」について言及する。この時に気分で順序を入れ替えたり、思い付きで内容を変更したり、突然ＳＮＳについての情報を付け加えたりは決してしない。なぜならトピック・センテンスを読んだ読者は、そこでの事柄の提示順序と範囲で先の見通しを立てているからである。パラグラフではこれを執筆者の都合で勝手に裏切ってはならない。

5　コンクルーディング・センテンス

パラグラフの最後の文の役割は、トピック・センテンスの再提示である。但し、間にサポーティング・センテンスが入るため、まったくの同文の自動的な繰り返しは避け、間に挟んだ複数の文を考慮し、それを受け止めながら、別の表現を用いて最初の文を再度主張しなおして結論とする。

コンクルーディング・センテンスは、トピック・センテンスの再提示と全体のまとめの二つの意味を持つ。前者については、パラグラフにおいて最も重要な最初の文が、間に挟まった複数の文のために読者にとっては次第に遠い存在となり、間の文の数が多くなればなるほど、その存在が薄くなるからである。だからこそ文章の最初に置いた最重要のトピック・センテンスを最後にもう一度提示しなおす必要がある。後者については、読み手に対し、そのパラグラフがそこで終了することを示すためである。冒頭の文と似たような内容の文が繰り返されるとき、読者はそこでそのパラグラフ全体で述べられようとしたことについて再確認をすることになる。

6 パラグラフと小論文との関係

一般に日本の教育現場では、パラグラフの指導を割愛し、小論文（Essay）の指導のみがなされる。またその指導方法も、既に言及したように序論、本論、結論の形式で文章を組み立てるように指示されるだけで、それぞれの具体的な構成方法が示されることは稀である。しかしながら小論文はパラグラフの発展形のため、実はその組み立ての理解なしには記述が難しい。

パラグラフと小論文の相違がどこにあるかと言えば、前者が一塊《かたまり》の文段、すなわち一マス下げて開始した複数の文が一度も改行せずに繋がる一方で、後者は前者が複数集まって成立する。両者の関係は、図示すると図4－3のようになる。

この図が示すのは、5パラグラフ型小論文（5-Paragraph-Essay）と呼ばれるもので、本論

図4-3　パラグラフと小論文の関係図

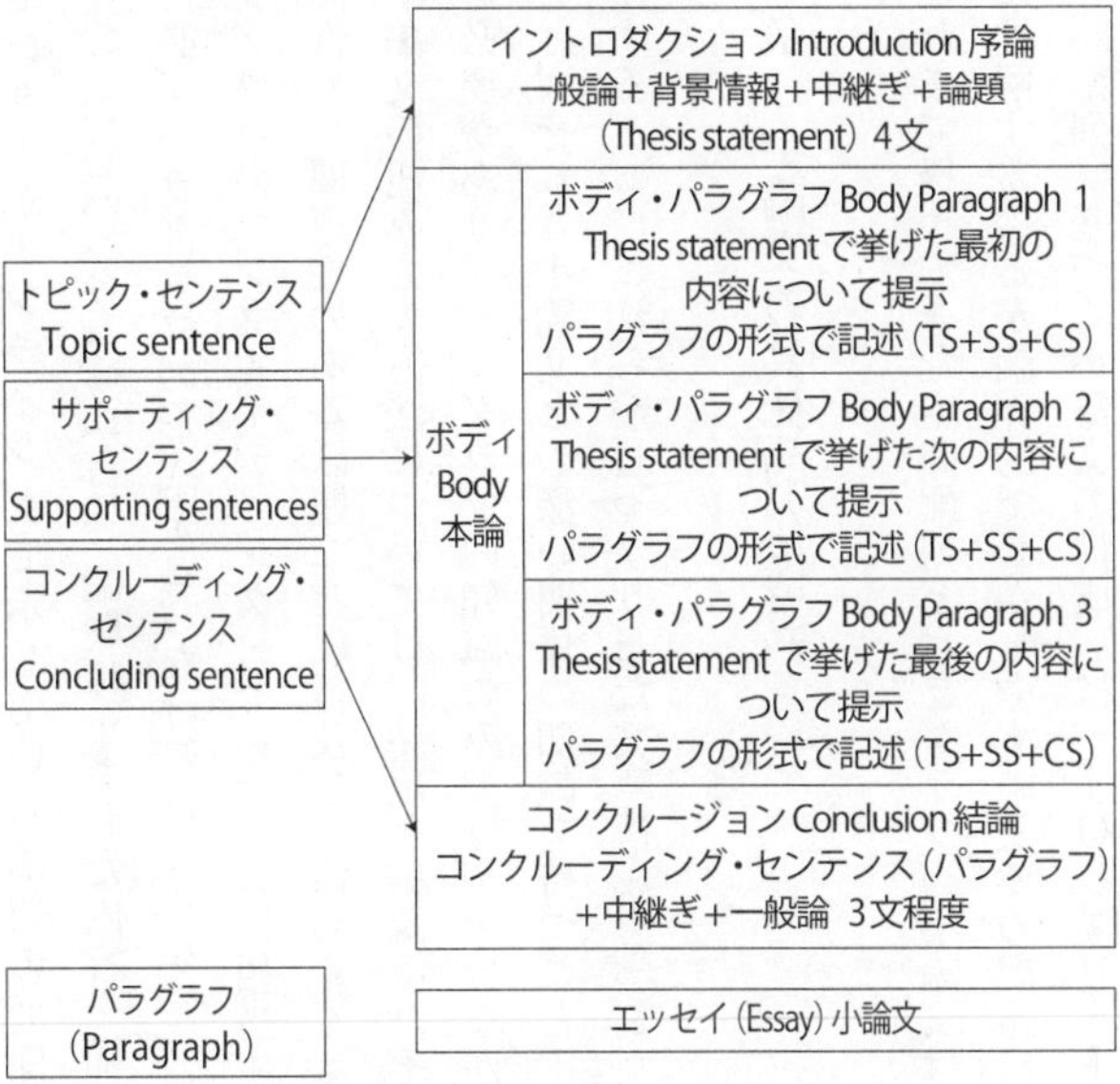

が3つのパラグラフで構成されるものである。この名称からも明らかなように、小論文形式の文章は、本来パラグラフを十分に理解して初めて成り立つものである。小論文においては、序論（Introduction）の最後に置かれる論題（Thesis statement）がパラグラフのトピック・センテンスにあたり、ここに本論の方向性が示される。既に述べたように、最近の日本の小論文指導ではやっている疑問形の文は論題にはならず、ここでは必ず断言する必要がある。これについては、ハーバード大学のライティン

グセンターがオンライン上で示している論題の展開方法（注1）が参考になる。続く本論（Body）の各パラグラフでは、論題に示された内容を順番に提示することになり、これらはまた必ずパラグラフの形式をとらなければならない。最後の結論（Conclusion）の最初にはパラグラフのコンクルーディング・センテンスに相当する文が置かれ、さらに例えば今後の方向性や、関連性のある話題などに言及して締めくくる。

小論文の組み立て方法については、序論と結論それぞれの組み立てのためのテクニックを知る必要があり、パラグラフの知識のみでは不十分ながら、まずはパラグラフそのものを知ること、それと小論文との深い関係の知識を持つこと、さらには添削を受けながら繰り返し記述すること、これらがしっかりした文章構成を学ぶためには不可欠である。

7 小論文の具体的な構成

これまで扱ってきた空間配列とパラグラフ、小論文は相互に深い関係にあり、それらを十分に理解することが論理的でわかりやすい文章の記述には不可欠である。図4－4「空間配列と時系列に基づく小論文の構成」は、JOCエリートアカデミーで高校生アスリート達に

図4-4　空間配列と時系列に基づく小論文の構成

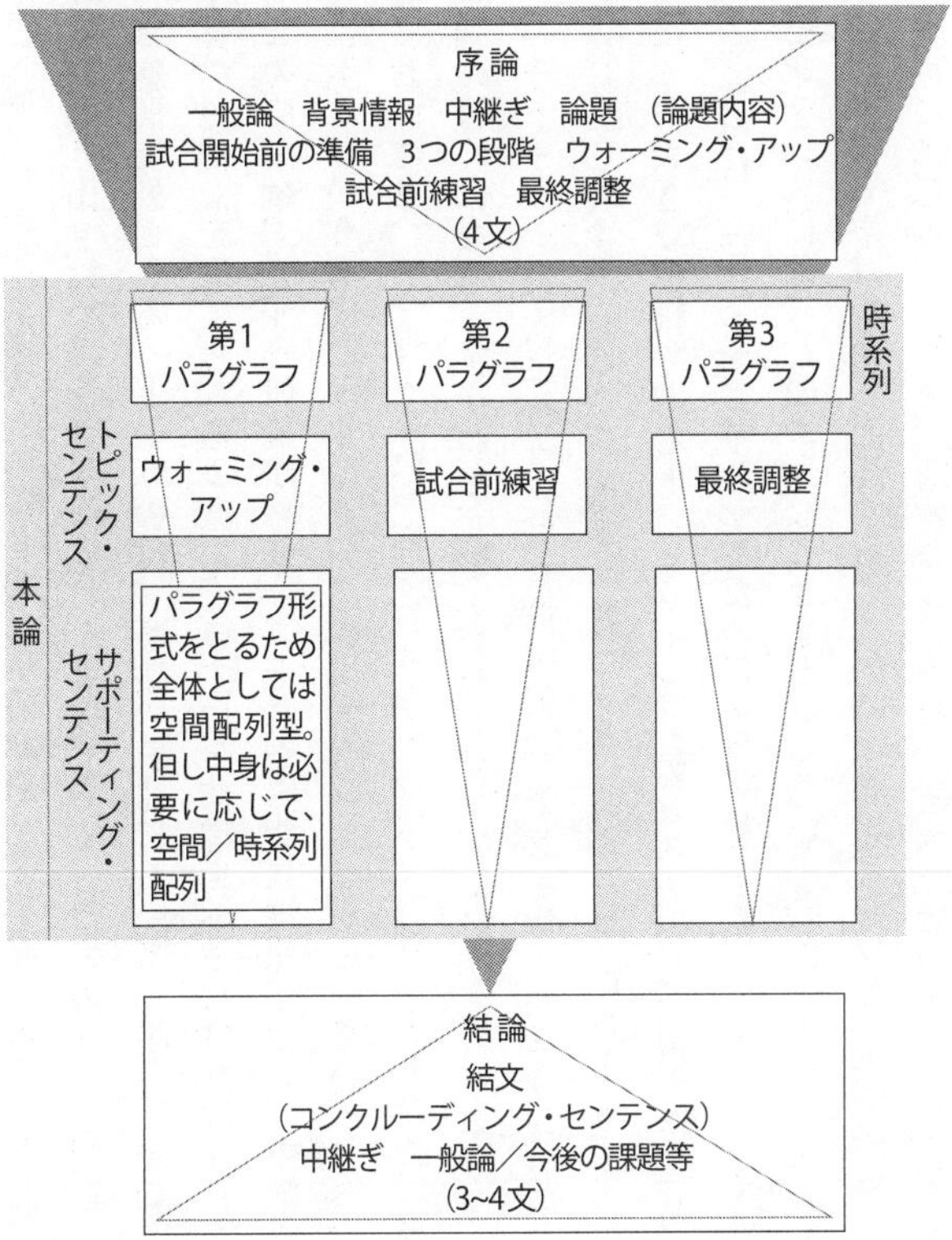

序論
一般論　背景情報　中継ぎ　論題　（論題内容）
試合開始前の準備　3つの段階　ウォーミング・アップ
試合前練習　最終調整
（4文）
本論
トピック・センテンス
サポーティング・センテンス
時系列
第1 パラグラフ
第2 パラグラフ
第3 パラグラフ
ウォーミング・アップ
試合前練習
最終調整
パラグラフ形式をとるため全体としては空間配列型。但し中身は必要に応じて、空間／時系列配列
結論
結文
（コンクルーディング・センテンス）
中継ぎ　一般論／今後の課題等
（3~4文）

「試合で満足な結果を出すために必要な事前準備」を小論文の課題として出した際に、生徒の理解を引き出すために筆者が作成したものである。この図からも明らかなように、小論文全体は空間配列となる。というのは、序論の論題において、読み手がそこで扱われている問題全体の見通しを立てられるように、まずは全体像を示さなければならないからである。しかもこの序論は、まず一般論から入り、それから背景情報、そして中継ぎを経て一番肝心の論題に至るという構成にするので、まさに大きいことから小さいことへの順となる。しかし、本論においては、「どのような準備を行うか」が扱う内容であるため、実施順序を重視して時系列の扱いになる。すなわち、第1パラグラフでは最初に行う「ウォーミング・アップ」、第2パラグラフでは次に行う「試合前練習」、そして第3パラグラフでは最後に実施する「最終調整」となる。そして、本論の各パラグラフは必ず形式を遵守する決まりがあるので、最初に一番大きな情報であるトピック・センテンスを出し（例えば、「第一段階のウォーミング・アップでは、怪我などを予防するために十分に体を温める」など）、その後のサポーティング・センテンスには、どのようなことをどれくらいの時間をかけて実施するかなどについて具体的に事例を挙げながら記述する。この時、時系列を採るか空間配列を採るかについてはその内容に応じる。これを三回繰り返した後、結論では全体のまとめとなる結文（序論の論題を別の言葉で繰り返すもの）を示した後、中継ぎの文を経て、再び一般論に戻す。この時、さらに今後の課題などを示しても良い。

8　まとめ

このように、パラグラフとは、あらゆる説明的文章の基本となり、企業でよく問題視される「ほうれんそう（報告・連絡・相談）」の組み立ての基本も実はこの形式である。無論、報告書などの記述には、パラグラフの形式のみならず、既に扱った空間配列の知識に基づく優先順位の付け方なども必要である。しかしながら、その外枠の組み立てについてはパラグラフが不可欠であり、この知識とスキル（知識のみではスキルには繋がらない）なしには、社会人に不可欠の文章の記述は難しい。また、英語の文章もパラグラフが基本であるため、それを知らずに英文の記述、並びに読解は困難である。

パラグラフの記述には、問答ゲームを確実に身に付け、空間配列を理解し、さらにその形式そのものの構造を十分に理解する必要がある。これができれば、日常業務の中で求められる「ほうれんそう」は、青々とした美味しい食材に変わるに違いない。

注

（1）A thesis is never a question. Readers of academic essays expect to have questions discussed, explored, or even answered. A question (“Why did communism collapse in Eastern Europe?”) is not an argument, and without an argument, a thesis is dead in the water.
https://writingcenter.fas.harvard.edu/pages/developing-thesis より

参考文献

Alice Savage and Shafiei Masoud, *Effective Academic Writing 1: The Paragraph*, Oxford University Press, 2007.

三森ゆりか『大学生・社会人のための言語技術トレーニング』（大修館書店）２０１３

第5章

絵の分析

―「見る」から「観る、観察する」へ―

1　目的

アーウィン・ブレーヴァーマン博士（イェール大学医学部名誉教授）が、「ルネサンス期以降疑いなく教育の目標の一つ」と指摘する「情報を得て分析し、客観的評価というプロセスを経て、批判的思考と論理的推論に至る」(引用1)ことは、「絵の分析」の実施により、幼児の絵本の読み聞かせ段階から実施可能となる。筆者の実施するこの絵の分析の目的は、大きく分けて観察力、分析力、批判的思考力（クリティカル・シンキング）、鑑賞力の向上、さらにはテクスト分析（クリティカル・リーディング）の基礎力作りにある。そのため、ここでの絵の分析とは、専門的な意味合いでの絵の鑑賞を目的とはせず、絵について素人ながらも細部まで子細に観察し、描かれた様々な事柄を証拠にしてその関係性を見いだしつつ、自分なりに内容について深く考えることを意味する。しかしながら、教室での絵の分析の活動後に生徒達に書かせる分析文（パラグラフや小論文形式）には、絵画の専門家の評論と内容的に近いものが散見される。これは、様々な観点から絵を分析的に読みつつ議論しているうちに、意図せずして絵の内容に深く立ち入るためだと思われる。

2　対話型鑑賞との相違

絵を題材として扱う手法として古くから最も一般的なのは、専門家の解説を聞く鑑賞である。美術館などでは、オーディオ機器にあらかじめ説明が吹き込まれたものが貸し出され、絵の前に立ち、流れてくる説明を傾聴している人々が大勢いる。この専門家の領域に素人が気楽に立ち入れるように考案されたのが、近年日本でも知られるようになった対話型鑑賞である。ところで、筆者が一九八〇年代半ばから開始した「絵の分析」は、絵を題材として扱うという点で、対話型鑑賞との共通点はあるものの、基本的にはドイツの教育現場で長年実施されている方法を参考にして筆者が開発したものである。

まず対話型鑑賞とは、「子供の思考能力、対話能力の向上を目的に実践される対話による美術作品の鑑賞法を指す」(引用2)。それは「美術作品を専門家による研究対象としてのみ捉えることを否定し、作品の解釈や知識を鑑賞者に一方的に提供するような解説を行なうこと」(引用3)をせず、「鑑賞者が作品を観た時の感想を重視し、想像力を喚起しながら他者とのコミュニケーションがなされることで、組織化された対話や交流が可能」(引用4)となるもので、「ニューヨーク近代美術館で１９８４年から96年までギャラリー・トークなどの教育プログラムを担当し、『視覚を用いて考えるためのカリキュラム（The Visual Thinking Curriculum）』制作に参加したアメリア・アレナス」（引用5）が中心となって開発した手法とされる。この手法は、日本でも九〇年代後半から美術館などで実施されるようになってきた。

一方で、ドイツの教育には、Bildbetrachtung／Bildanalyse（絵の観察／絵の分析）、Bild-deutung（絵の〔専門的〕解釈）と、既に第４章で取り上げたBildbeschreibung（絵の描写）（参考文献）とがあり、これらは実施後の作文への記述方法までを含めて方法論として確立している。前者のBildbetrachtung／Bildanalyseは、観察者、あるいは鑑賞者が絵に対して考えたことや解釈した事柄を言語化する作業である。但し、この考えとは単純に「美しい」「不気味」といった感想を述べることではなく、「なぜそのように捉えたのか」について、描かれた事柄を証拠として挙げつつ論証する作業である。これに対し、後者のBilddeutungは、絵を芸術作品として扱い、解釈を試みるものであるため、専門的な知識、あるいは学びが必要となる。その意味でこの作業は、美術館等で一般的に実施される専門家の解説に近いものがある。いずれの方法でも教室内での議論は大前提である。また、右記の方法の対象として扱われるのは、芸術作品としての絵画や歴史的状況を示す絵画（これはしばしば「歴史」の授業でも扱われる)、宗教的絵画(これは「宗教」の授業でも扱われる)、絵画とそれに関係する文学作品など、広範囲にわたる。

筆者が行う「絵の分析」には大きく二つの目的があり、一つはBildbeschreibung(絵の描写)とBildbetrachtung/Bildanalyse(絵の観察/絵の分析)の手法を合体させ、少ない時間の中で生徒たちにそれらの方法を獲得させることであり、もう一つは「絵の分析」で培った技術を「テクスト分析」に応用することである。この目的のために筆者が開発したのが、絵を観るための観点を法則化し、それに空間配列の考え方を加え、問答ゲームの手法を応用しながら実施する「絵の分析」である。母語の授業の中で絵を扱うための手法が確立され、そのための十分な時間も担保されているドイツとは異なり、生徒達が教材として絵を扱える時間は、日本では極めて限定的である。筆者の場合も、絵の分析に割ける時間は年数回程度であり、それが何年も継続できる保証もない。そこで、絵を観て分析するための観点を法則化し、常に同じ方法を用いて絵に向き合わせることを繰り返せば、生徒達はさほど時間をかけずに、教師などの支援なしに自らの力で対象である絵を細部に至るまで観察し、分析し、その内容について深く考える力を養えるはずである、というのが「絵の分析」の指導を開始した当時の筆者の仮説だった。

実際に、観点に基づいて絵を観る力が獲得されると、生徒達は対象毎に観点を選択したり、その実施順序に論理的な配慮をしたりしながら視覚的データである絵を考察できるようになる。また、この分析の活動では、一つ一つの観点を巡り極めて組織的な議論がなされるので、彼らは議論力をも獲得する。さらに、絵の分析の締めくくりとして筆者の授業では、考察内容の記述を行う。それは、一枚の絵を分析した結果紡ぎ出された物語であることもあれば、分析結果のパラグラフや小論文のこともある。もう一つの目的である「テクスト分析」への応用は、対象が絵でも文章でも、それらを分析的、批判的に読むためのスキル自体に大きな相違がないために可能となる。つまり、複雑な文章を理解できない幼児期から主に絵本や絵画などを用いて絵を分析的に読む方法を教えておけば、物語や小説等の分析ができる年齢になる頃には、そのスキルが自動的にテクストの分析に応用可能となるのである。

このように、筆者の実践する「絵の分析」は、最終的には独立して対象を論理的、分析的、批判的に考察する力を養うこと、またその力を「テクスト分析」に応用することを目的としており、さらには考察結果を文章化する力を育成することを目指している。そのため、いわゆる対話型鑑賞とは一線を画するものである。

3　絵の分析のための観点

分析的に絵を観る方法を身に付けるためには、絵が観えるようになるまで常に決まった観点を用いて対象を捉えるようにする。また、自分が対象をそのように解釈した理由を、必ず描かれた証拠に基づいて提示する。このような訓練を繰り返すうちに、次第に自動的に絵の細部にまで観察が及ぶようになり、立体的に絵が立ち上がってくるようになる。

絵の分析は、第3章の「説明」で示した空間配列の考え方を利用し、大きい事柄から小さい事柄、あるいは外側から本質的な事柄へ向かって行う。例えば中央に人物のいる絵を扱う場合、図5－1のように外側の設定部分から人物へ向かい、さらにその行動や感情、思考へと歩を進める。絵において本質的なのは、多くの場合、その設定よりも例えば中心に描かれた人物である。しかしながら、訓練として絵の分析を行う場合は、常に設定の観点から中央に置かれた人物の順序で行うようにする。というのは、中心に描かれたものは周囲の設定とは切り離せない関係にあり、中心から始めようとすると、それと設定とを行ったり来たりしながら絵を観ていくことになるからである。そして設定から本質を見るという観察と分析の訓練が身に付くと、最終的には様々なものが同時に分析的に観えるようになってくる。

ところで、既に察しがつくように、分析の訓練目的で使用する絵は、風景画よりも人物の行動が具体的に描かれたものが向いている。また、具象画を用い、抽象画は扱わない。

「絵の分析」においては、基本的に次のような観点を用いる。

図5－1　絵の分析の観点と空間配列の関係

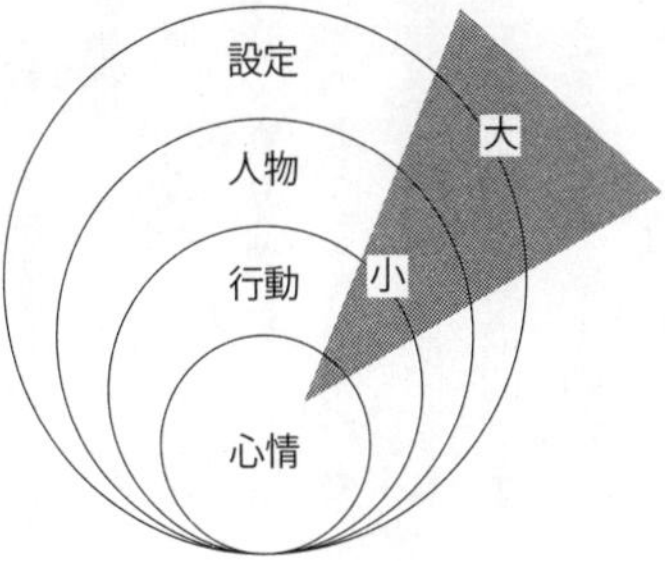

①設定
場所・季節・時間・天気・時代など

②人物
性別・年齢・外見・職業・服装・性格、その他人物を読むのに必要な事柄

・人物の行動・事件
何をしているか・その人物を中心に何が起こっているか

・人物の感情・思考
何を感じているか・何を考えているか（表情や仕

草・態度等の分析）・何を言っているか

③事件

何が起こっているか

④音・香りなど

どのような音が聞こえるか・どのような香り（匂い・臭い）がするか

⑤象徴・暗喩・隠喩など

ある事柄を象徴的、または暗示的に表しているものがあるか、あるとすればそれは何を意味しているのか

⑥タッチ・色など

特徴的なタッチや色などが表す意味、受け取る印象など

⑦主題

作者（画家）は何を表現しようとしたのか、など

⑧観察者自身の印象・感情

その絵を観たときに直感的にどのように感じたか

（例）「星月夜」（ゴッホ）――「ゆらゆらとして観ていると目が回る」（小学校二年生）

⑨作者（画家）

作者の背景・状況等が絵に影響を与えているか、など

これには作者についての専門的な知識が必要となるため、「絵の分析」の基本を既に獲得している生徒にのみ実施

一枚の絵に対し、右の観点に基づいて一つ一つ問いを立て、自らの考えは必ず描かれた事実を根拠に提示する。こうした問いに答えるには、絵の細部まで詳しく観察することとなるため、結果的には分析を始めたときには全く気づかなかった細かい事柄までを含めて絵が観えてくるようになる。

4　絵の分析の実施方法

観点を理解した上で重要なのは、問いの立て方であり、それが絵の観え方に繋がっていく。この問いのための基本技術を支えるのが第2章の問答ゲームであり、その訓練を通して6W1Hを軸に物事を分析的に捉える能力を既に獲得している学習者には、絵の分析の指導が容

易になる。一方でその能力が不十分な学習者でも、逆にこの絵の分析の実践を通して問答ゲームの技術を磨くことができる。ここではイラストレーションと絵画を一枚ずつ用いて、絵の分析の実施方法を具体的に示すことにする。

(1) イラストレーション

図5－2（注1）の絵については、恐らく多くの人が「晩秋の夕暮れ時に、サッカーに興じた子ども達が公園から帰ろうとして別れの挨拶をしているところ」と、捉えることだろう。しかし、この絵をそのように解釈する理由を問われたとき、あなたは速やかにその証拠を提示できるだろうか。絵の分析とは、まさにこの「解釈」がどのような事実に根ざすのかを、絵の詳細を観察しつつ証拠を探し出す作業である。

図5-2 公園

A設定

a場所はどこか―町の公園

＊なぜ町と言えるのか―後方にアパートや家々などの建物が見える

＊なぜ公園なのか―芝生が広がっている・小さなサッカーゴールのようなものが左側の芝生の上にある・遊歩道があり（人しか歩いていない）、その道の中央に樹木が二本植えられている・芝生の脇、遊歩道の上にベンチがある

b季節はいつか―晩秋か初冬

＊公園の様子にその根拠はあるか

・木の葉がほとんど落ちている（枝に木の葉がほとんど付いていない）

・遊歩道に落ち葉がある

＊人物の様子にその根拠はあるか

・長袖・長ズボン（一人を除いて）・厚手の服を着ている（但し、コート、ダウンジャケットなどの上着は着ていない）

c天気はどのようか―晴れ

＊その証拠は―太陽が出ている・夕焼け（と思われる）・全体がはっきりと描かれてい

る・路上に影がくっきりと映っている
d時間はいつか―夕方・晩秋か初冬を前提とすると東京あたりなら四時半から五時頃
・太陽が地平線からわずかに顔を出す位置にある
・雲が色づいているかのように、その上側が濃い色で描かれている
・人物や木々の影が長い（太陽の位置が低い証拠）
・人物達が手を振って別れようとしている
Bどのような人物がいるか―五人の少年達
＊子どもの証拠―背が低い（すぐ脇にある木々や公園の大きさと比較）・五頭身・頭に対して肩幅が狭い・顔が丸い・手足が小さい・指が短い、など
＊少年の証拠―髪が短い・ズボン着用・野球帽・サッカーをしていた様子、など
Cどのような行動をしているか
a今何が起こっているか―少年達が手を振り合って別れの挨拶をしている
＊手を振り合っていると言える根拠―四人の少年が右手、あるいは左手を高く上げている・互いに手のひらを見せ合っている
＊別れの挨拶をしていると言える根拠

・各自の上半身が別々の方向を向いている・各自の進行方向が異なる・各自のつま先の向きが異なる・各自が前足に重心を掛け、別々の方向に進もうとしている
・各自が身体を後方にひねって手を上げている・各自の手のひらが他者の顔のほうに向けられている・各自が顔を見合わせている
・互いが笑顔―口角が上がっている
・口が開いている

b彼らはそれまで何をしていたか―サッカーをして遊んでいた

＊サッカーをしていたと言える根拠
・公園にサッカー用のゴールがある
・手前中央の少年がサッカーボールを小脇に抱えている
・左端の少年が網に入ったサッカーボールを右手に持っている

D少年達はどのような感情を持っているか―楽しかった・また遊びたい、など

＊そう言える根拠
・顔の見える四人の口角が上がっている

右のように絵の分析をするためには、次から次へと問答ゲームの要領で問いを立てながら絵を観察し、証拠を取り出す必要がある。このような単純なイラストレーションでも、問いに従ってつぶさに観察していくと、全く気づかなかったことが見えてくるはずである。

筆者はこのイラストレーションをしばしばサッカー、バスケットボールなどのコーチ達の研修等に用いる。すると、日常、フォーム分析やゲーム分析などに携わっている人々でも自らの解釈を支える根拠を言語化できない場合が多い。「なんとなく」見えてはいるけれども、十分に観察ができていないせいか自分の目が何を捉え、頭の中でそれらの情報がどのように分析され、そしてある解釈に繋がっているのか具体的には意識できていないため、改めて問われると言葉で表現することができないのである。ここで扱ったイラストレーションの場合、最も曖昧に認識されるのが、「少年達が帰宅しようと別れを告げている」行動である。そのように認識はできるのに、その考えの根拠が言語化できないのは、本当の意味で観てはいないからである。そこで筆者は、受講者の中から三人に前に出てもらい、実際に絵の前列三人の少年達と同じ動作をしてもらう。すると、役柄を割り当てられた三人の受講者は、初めてつぶさに厳密に絵を観察し、動作を真似る過程で自分の解釈の根拠に気づくことになる。そして彼らはようやく、絵の中の三人の少年達が互いに背を向け合い、各自のつま先が様々な

図5-3　絵の分析における観察から言語化への段階（図2-2の応用）

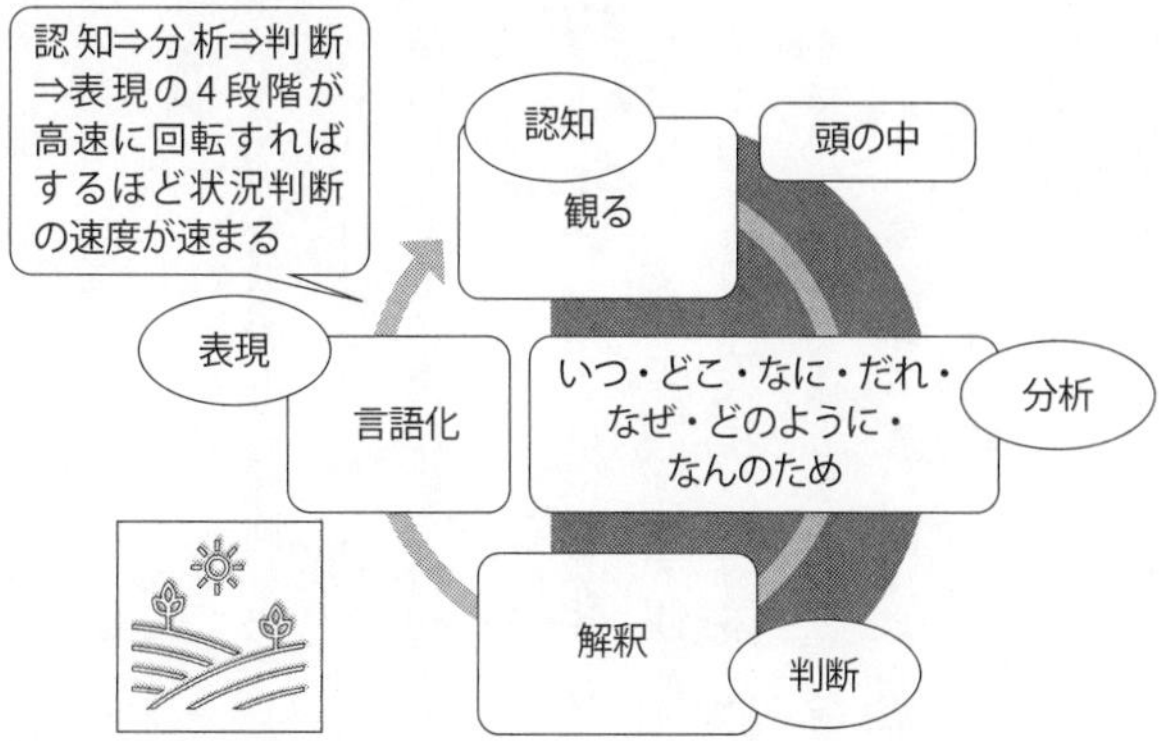

方向に向き、さらには前足に重心を掛け、つま先の向く方向に前進しようとしていること、またその上半身を後方にひねり、手を上げ、手のひらを他の子どものほうに向けながら顔を見合わせ、口角を上げつつ口を開いているという解釈の証拠を言語化するに至るのである。

このように見ているはずなのに、観えてはいない事実をすくい上げて言語化する作業を繰り返すうちに、観察力が鍛えられ、ものが分析的に観えるようになる。さらには、図5-3に示したように、認知から分析、分析から判断の速度が上がり、対象を捉えた途端、あるいは対象を認識する段階で分析の観点が働くために最初から無意識にそれを用いて対象を観察するようになり、結果として「少年達が帰宅しようとしている」と発言すると同時にその証拠が次々と言語化されて提示できるようになる。

(2) 絵画

同様の方法で含蓄のある絵画を扱うと、分析を通して深い物語を取り出すことに繋がる。ここでエドワード・ホッパーの絵画を用いて、それを分析的に観察してみると、ぼんやりと見、曖昧に感じていただけでは捉えきれなかった内容が取り出せることに読者は気づくことになるであろう。

エドワード・ホッパーは、「異化（日常的な見慣れたものが、非日常的な異質なものに変質すること）の作用に従って」絵画表現をすることで知られた画家であり、絵を子細に観察すればするほど「絵に向けられた視線が反転して自己の内へ向か」い、「鑑賞者は、自分自身の心奥を覗き込んでいるような気分にさせられる」（引用6）。図5－4の「ニューヨークの部屋」(Room in New York)（注2）も、観察と分析を通してそのような境地に至れる作品である。

この作品を絵の分析の題材にすると、「関係がしっくりといっていない男女が窮屈そうな部屋の中に会話もなく座っている絵」というような解釈を抱く人が多い。これを受けて、その解釈の根拠がどこにあるのかを問いを立てながら詰めていくと、実は当初気づかなかった様々な証拠が絵の中から見いだされることになる。

A設定

a場所　窮屈な自宅の部屋

＊窮屈

・窓枠（それが絵の左端四分の一と下六分の一を占めており、そのために絵の肝心の部分がひどく小さく見える）

・窓枠の色が黒いこと（その部分が黒いために、絵に目を向けたとき、枠に対して対象的な明るい色合いを持つ部屋の部分しか目に入ってこない）

・部屋を中央で縦に二つに分断するように描かれた扉

＊部屋

図5-4　ホッパー「ニューヨークの部屋」

・背面に壁・その壁に扉・壁に絵が掛かっている
・家具（右側に椅子・中央に丸テーブル・その左にソファ）
＊自宅
・ピアノ（部屋の様子だけだとホテルの一室のようにも見えるが、右側にアップライトピアノがあるため自宅の一室ではないかという意見が多い）
b時間　夜・夜遅い時間帯
＊夜
・窓枠が黒い（外が暗い証拠）・部屋の中が明るい（天井の電灯が付いている証拠・人物の頭の部分に光が当たり、俯いた顔には影がかかっている）
＊夜遅い時間帯
・人物二人が、ドレスアップをしている・男性はスーツの上着を脱いで、ワイシャツにネクタイ、ヴェストを着用・女性はノースリーブのドレスを着用
・二人はどこかへ出かけ、帰宅したとみられる
c天気　晴れか曇り、雨ではない
・窓が開いている・雨なら窓が閉じられているはず・窓枠に水滴もない

d季節　初夏〜初秋、冬ではない
・窓が開いている（ある程度気温が高い証拠）・女性がノースリーブのドレスを着ている

B人物
a左側の人物はどのような人で、何をしているか
＊男性・年齢は二十代後半から三十代
・性別　髪が短い・顔に対して肩幅が広い・ワイシャツ、ネクタイ、ヴェストを着用
・年齢　白髪のない髪・皺のない顔・まっすぐな背筋・しまりのある体型
＊行為　新聞を読んでいる・新聞に集中している
・手に新聞を持っている・顔が下を向き新聞の紙面に向けられている
b右側の人物はどのような人で、何をしているか
＊女性・年齢は二十代後半から三十代
・性別　髪が首筋にかかり、まとめている・顔に対して肩幅が狭い・ドレス着用

・年齢　白髪のない髪・皺のない顔・まっすぐな背筋・細い体型

＊行為　ピアノの前に座り、ピアノに向かって俯いている・右手の人差し指を鍵盤の上に伸ばしている

c二人の背景情報

＊ある程度教養と経済力のある人々

・男性が新聞を読んでいる・スーツに付随するヴェストを着用し、ネクタイを締めている

・女性がピアノと向き合っている・ドレスを着ている

・壁に絵画が並んでいる・アップライトピアノがある

C両者の関係

冷めている・互いに距離がある・男性が女性を拒絶、あるいは話をしたくない気分・女性は未練がある（後半の二つの意見がしばしば出される）

・男性　新聞に没頭している・紙面に顔を俯けている・顔に影がかかっている

・女性　ピアノの椅子に腰掛けるも、足をテーブルに向け、上半身をひねってピアノに

左肘を置き、丸テーブルの端に肘が触れた右手の指をピアノの上に伸ばしている
↓女性は男性が顔を上げ、話をして欲しいため、足をテーブルに向けている・上半身のみ後方のピアノのほうに向け、男性の気を引くためにピアノの鍵盤を押し、音を立てようとしている。但し、女性の指が置かれているのは、ピアノの右端のほうで、しかも指は鍵盤に平行に置かれているので、その音は高く細いはず↓女性は何とか男性の注意を引こうと遠慮がちに音を出そうとしている

- 両者とも顔を下に向け、その顔には影がかかり、表情がはっきりしない
↓あたかも感情を押し殺しているかのように見える
- 中央の扉　二人の関係の分断を象徴するかのように、両者の間に背の高い扉がある
二人は外出から疲れて戻り、しばし自分の好きなことを行っているだけで、心は繋がっている（これもよく出される意見）
- 二人の間に丸いテーブルがある・丸いテーブルの端に男性が新聞を載せている・女性もテーブルに右肘をかすかに触れている・二人は丸テーブルで繋がっている
- 女性が愛を象徴する赤いドレスを着ている・男性が赤いソファに座っている・但しソファの赤はくすんでいるので、男性の愛はやや冷めているのかもしれない

このように絵の分析は、自らの解釈をとことん絵の中の証拠に求める作業である。一見機械的で論理的な作業のように見えるが、これを複数の人と議論をしながら行うと、自分の解釈の根拠が次第に鮮明になり、それにつれて絵の中の物語が立ち上がって迫ってくるようになる。「ニューヨークの部屋」を最初に見たときに、ふと心の中に抱いた人物達の関係に対する違和感が、その根拠を言語化しつつ追求するうちに実態を顕わにするのである。

ホッパーの作品については、『短編画廊――絵から生まれた17の物語』の序文にて編者のローレンス・ブロックが次のように述べている。

ホッパーはイラストレーターでも物語画家でもない。彼の絵は物語を語ってはいない。ただ強く抗いがたく示唆している。絵の中に物語があることを、その物語は語られるのを待っていることを。彼はある一瞬を切り取ってわれわれに提示する。そして、その一瞬には明らかに過去と未来がある。しかし、そのふたつを見つけるのはわれわれの仕事だ。(引用7)

図5-5　絵の分析の応用

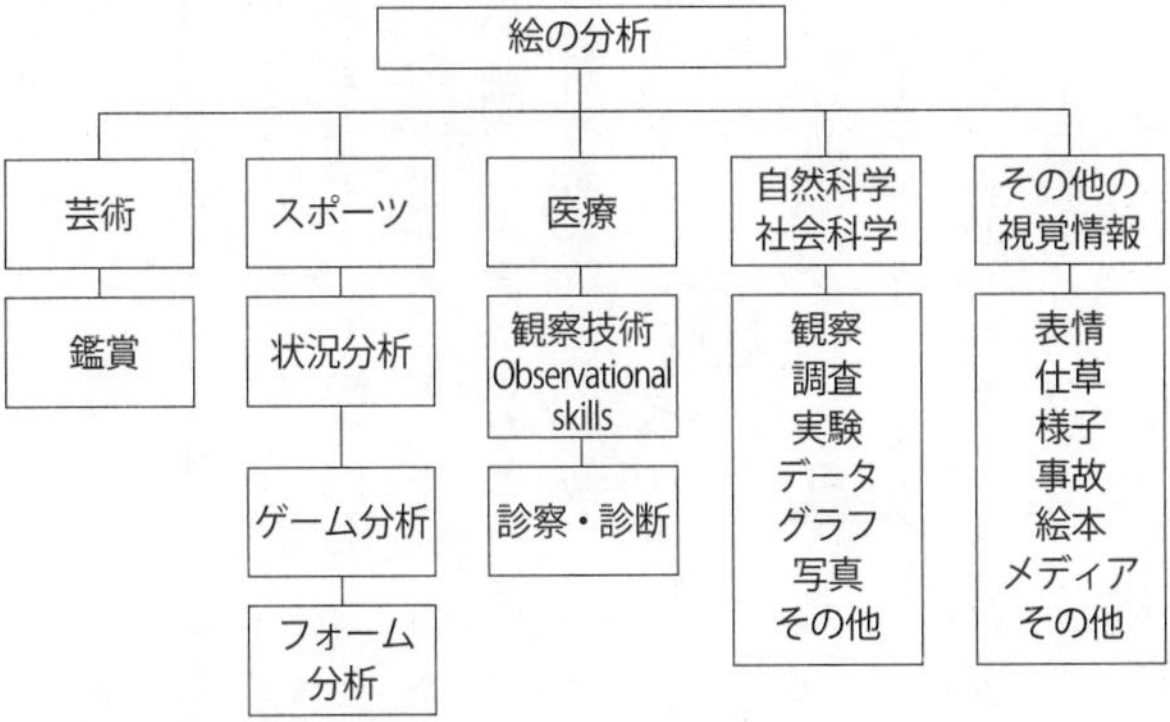

この趣旨に従って「ニューヨークの部屋」を選択し、物語を創作したのはかのスティーブン・キングである。その作品「音楽室」には、驚くべき内容の物語が展開しているので、興味のある方は是非お読みいただきたい。

5　実社会における絵の分析の応用

絵の分析は、絵画鑑賞や文字情報である文章の分析の土台となるばかりでなく、実社会における様々な活動や絵本の読み聞かせなどに必要な能力の基礎訓練としても役立つし、また巷に溢れかえる広告や映像など、いわゆるメディアを読むための訓練にも繋がる。図5-5「絵の分析の応用」に示したのはそのほんの一例である。以下にいくつかの具体的な事例を紹介する。

（1）医学部における絵画を用いた観察力のトレーニング

前出のイェール大学医学部のアーウィン・ブレーヴァーマン博士（皮膚科）が、医学生の観察力を向上するために開発したのが絵画を用いた観察技術（Observational skills）（注3）のトレーニングである。博士がその導入を模索するきっかけとなったのが、医学生の観察力向上には、細胞や皮膚疾患などの症例だけでは不十分という認識だった。学生の観察力を伸ばすには物語のある絵画が有効なのではないかという友人の同大学美術館学芸員リンダ・フリードレンダー氏の提案を受け開始された博士の試みは、現在では全米の医学部に拡がっている。筆者も二〇〇三年秋に訪米し、一度実際に学生達の授業の様子を視察してきた。そこでは一人に一作品ずつタイトルの伏せられた絵画と時間が与えられ、絵をつぶさに観察した学生は、その結果をエヴィデンス・ベース（証拠に基づいて）で博士とフリードレンダー氏や他の学生達の前で説明しており、筆者にも一枚の絵に対する分析の機会が与えられた（図5－6）。その医学的成果については、イェール大学医学部のサイトなどで紹介されているのでここでは言及を控えるが、それが全米の医学部に拡がっているという事実がその効果の程を如実に

図5-6　イェール大学医学部の観察技術の授業

手前右で説明するのが筆者、左に座るのがフリードレンダー氏、奥は学生達。写真はブレーヴァーマン博士提供

示していると言えるであろう。同大学の観察力のトレーニングで使用されていたのは、いずれも観れば観るほど多くの発見がある作品である。

　その中の一つが図5－7「チャタートンの死」(注4)である。この絵画については、分析時にはタイトルが伏せられているので、青年が深く眠っているのか死んでいるのかで常に意見が分かれる。そこで筆者がトレーニングを行う場合、可能であれば受講者に同じ体勢をとってもらい考えさせることが多い。図5－8は、東邦大学医学部の学生（筆者の授業を六年間で二七〇時間程度受講した医学生達四人の中の一人）が長テーブルの上で絵に示された形をまね、他の参加者三人と考察してい

図5-7 ウォリス「チャタートンの死」

図5-8 チャタートンの様子をまねる医学生

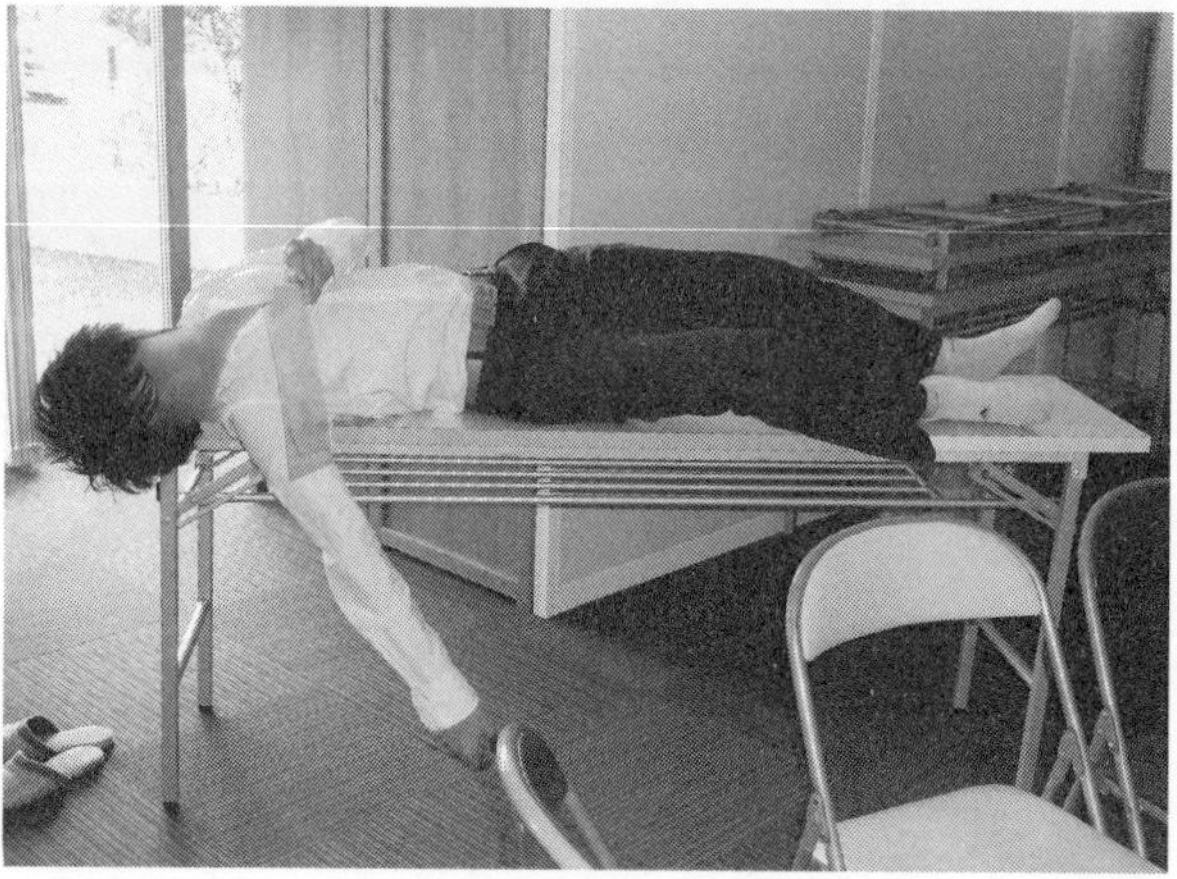

る場面である。彼らに実際に同じ体勢をとってみるように筆者が勧めたのは、彼らの意見が「死亡・泥酔・熟睡」と三つに割れたからである。絵の中の人物の状態をまねるために医学生全員でつぶさに絵を観察した実践の結論は死亡であり、その理由はベッドから頭がずり落ち、右肩がねじれたような形で眠りを継続することは難しく、もし生きているとしたら青年はベッドに戻ろうとして逆に落下するはずであるというものだった。つまり、死後硬直の状態が描かれているからこそ、この不自然な状態でベッドから落ちずに青年が横たわっていると彼らは結論付けたのである。するとその死因が続いて見えてくる。床の上、青年の右手の少し手前に転がった小瓶に毒が入っていて、彼はそれを飲んだのではないか、そう言えば顔が妙に青ざめているし、胸の上に左手でかきむしったような青痣がある。さらに自殺の原因は、恐らく床の上にあるびりびりに破られた紙類と何らかの関係があるのだろう。また、そこまで観察が進んだ学生たちは、さらに絵画に象徴的に描かれた蠟燭や窓辺のバラについても、「命の火が消える」「命が散る」ことを意味するのではないかと気づいた。

　この絵画については、実在の人物が描かれているため、インターネットで調べれば青年の自殺の原因は明らかになる。しかしながら、最終的な種明かしとして資料を手渡すまでもなく、多くの場合、分析を行った参加者達は右の学生達とほぼ同じような分析結果に到達する。

(2) スポーツの分野における絵の分析の応用

スポーツにおいて絵の分析がどのように応用できるかを具体的に述べてくれたのは、筆者が指導するJOCエリートアカデミーの卒業生で、将来有望なレスリングの選手である。

言語技術を学び、絵の分析を学んでから、相手選手の動きが一つ一つ具体的に観えるようになってきた。また、後輩に指導していても問題点が観察できるようになったので、それを言葉にして彼らに伝えられるようになった。すると今度はそれが自分に返ってくるようになり、自分の一挙手一投足に気づけるようになり、フォームの改善などに具体的に役立つようになった。

この彼の言葉は、イラストレーションや絵画を用いて、分析的に絵の観察方法を学んだことにより、その能力が自動的に自らの行動に影響を与えることを如実に示している。彼の中で、対象を目で捉えることが単に「見る」ことではなく、「観る＝観察する」能力に繋がった結果である。

引用

（1）三森ゆりか『絵本で育てる情報分析力』（一声社）2002、3頁
（2）「対話型鑑賞」現代美術用語辞典 ver.2.0-Artscape（森啓輔執筆）
（3）同右
（4）同右
（5）同右
（6）ロルフ・ギュンター・レンナー『エドワード・ホッパー』三森ゆりか訳（タッシェン・ジャパン）2004、7-8頁
（7）ローレンス・ブロック編『短編画廊――絵から生まれた17の物語』田口俊樹他訳（ハーパーコリンズ・ジャパン）2019、8頁

注

（1）つくば言語技術教育所編、かとうともこ画『ことばのワークブック2』2006、92頁
（2）エドワード・ホッパー「ニューヨークの部屋」1932
（3）① https://medicine.yale.edu/dermatology/education/obvskills/findings/
② https://medicine.yale.edu/news/yale-medicine-magazine/how-looking-at-paintings-became-a-required-course/

③https://www.youtube.com/watch?v=oL1b1tMNI4E

（4）ヘンリー・ウォリス「チャタートンの死」１８５６

参考文献

die Bildbeschreibung, MANZ-Aufsatz Bibliothek, Bd. 8, Manz Verlag, 1984.

第6章 テクストの分析
―文字情報から証拠を集める―

1　テクスト分析とは何か

日本において、「国語」嫌いを自認する人々に共通するのは、読解問題に対する苦手意識である。その理由として最も多いのが、正解を論理的に受容できない、あるいは理解できないということのようである。この傾向が特に顕著なのが理系の人々で、筆者の知る限り日本には、「国語」が苦手で理系に進んだ人々が多い。ところで、十二年もの歳月をかけてこの苦手が克服できない理由は、巷でよく言われるように、恐らく「国語」が勉強のしようのない教科だからである。とりわけ読解問題においてこの傾向は顕著である。

日本の教室において「読解」が一般的にどのように指導されているかと言えば、「教師の語る鑑賞を拝聴する」か、黒板に羅列された「正しい読解」をひたすら写し取るか、あるいはまた「四つの選択肢の中から一つの正解を選ぶ」か「穴埋め」かである。その際に、連続型のテクスト、つまり文章を読むための技術を学ぶことは稀だし、ある答えが正解とされる理由が論理的に納得のできる形で説明されることもまた稀有《けう》である。そのため、何年かけても読解の苦手は克服できず、苦手意識のみを抱えて多くの学生が社会に出ることになる。

本章で扱うテクスト分析、英語でクリティカル・リーディング（Critical reading）と呼ばれるそれは、文章を読むための技術で、基本的にはクリティカル・シンキング（Critical thinking）とほぼ同義である。ある情報を読む際に、クリティカル・シンキングのスキルを用いて行うのがクリティカル・リーディングだからである。この読み方には方法があり、それさえ理解し、身に付ければ、誰でも文章を読んで解釈することが容易になる。これは、足し算の方法がわかれば、基本的には誰でもその方法を使って計算ができるようになるのと同様である。

クリティカル・リーディングはまた、議論の基本でもある。この読み方には絶対的な正解は存在しないため、より妥当性の高い解釈を求めて活発な議論が期待できるからである。そしてこうした議論を通して、その開始時には考えてもいなかった深み（高み）へと到達する可能性もあれば、教師ですら思いもよらなかったアイディアに行き着くこともある。

この読み方はさらに、ディベートに不可欠な方法でもある。資料やデータに基づいて自分の考えを論証する必要のあるディベートでは、証拠を取り出すための読み方が重要であり、その方法を教えるのがクリティカル・リーディングである。

その実施方法は絵の分析と基本的に同じで、それらの共通点は、自らの解釈の根拠を対象とするものから証拠として取り出すことである。一方その相違点は、絵の場合は、描かれているものをまず言語化してから拾い出すことになるのに対し、文章の場合は、既に文字化された対象の中から証拠を拾い集めなければならないところである。この点で、後者ではまず文章を読む能力や単語の意味、文法の働きなどの知識が前提となるために、その本格的な実施は、中学生以降となる。

また、その実施においては、分析と批判の二段階がある。前者は観点を用い、書かれた文字や語彙（表現）、文法、文、文体などを証拠にしつつ、文章の表面には明確に現れていない内容を分析しながら取り出す、いわば行間を読み取る作業である。後者は、前者を前提とし、自ら問いを立て、文章の内部に潜む問題点を取り出し、必要な資料等も参照しながら立てた問いに論理的、批判的に答える作業である。欧米の教育課程では、幼児教育課程で開始された絵本などを用いた分析的読みが、高校段階での批判的読みに繋がり、例えばドイツのギムナジウムにおける最終試験アビトゥーアや、フランスのそれに当たるバカロレアではこの力を利用して論文を書き、それに合格したものだけが大学に進むことになる。

この分析的・批判的な文章読解については、文学作品と実務的文章とで読むための観点が多少異なるため、以下にこれらを分けて説明する。

2　テクスト分析の基本的考え方

ある作家や文筆家、記者などによって生み出された文章（連続型テクスト）には、その創作者自身が込めた意図や意味があり、これを読み、解釈するのが読者の仕事である。作者にとっての作品とは、自らの世界や生き様などが反映されたものであり、自分自身の内面を通して観て、触れて、考えた事柄が言葉にして紡ぎ出され、創出されたものである。そのためそうした作品には、ある種の偏見や先入観などのバイアスがかかっている場合もある。この作者の生み出した作品を挟んで、作者と反対側に位置するのが読者である。条件の異なる位置に置かれた読者は、その立ち位置から作者の作品に対峙し、解釈するしかなく、その意味で作者の考えを完全に理解しきることは恐らく不可能である。なぜなら読者は、作家とは生きる時代や場所が異なり、同じような経験をしているわけでもなく、ましてやある事柄に対して、作家と全く同じ考えや感情を抱けるわけでもないからである。そこで、読者の立場からある文章を解釈する場合には、読者の数だけ解釈が存在することとなり、たった一つの正解は存在しない。その理由は、読者自身も自分自身の経験や感情、思想などに基づいてある作品を読み、理解することになるからである。

このように考えてくると、日本において国語の問題として頻繁に出現する「この時作家はどのように思ったでしょう。四つの中から正解を見つけなさい」という問いは、多くの場合成立しない。と言うのも、作家自身がある作品のある場面について、自分がどのように思ったのかを自らの言葉で書き記しているのであればともかく、そうでない場合は、正解を断定しようがないし、そうしたとしてもそれを証明しようがないからである。このように、作家と読者は、作品を挟んで対峙するような関係となり、その作品に対する考えや解釈が異なるのは当然と言える。

図6－1　作品の成り立ち

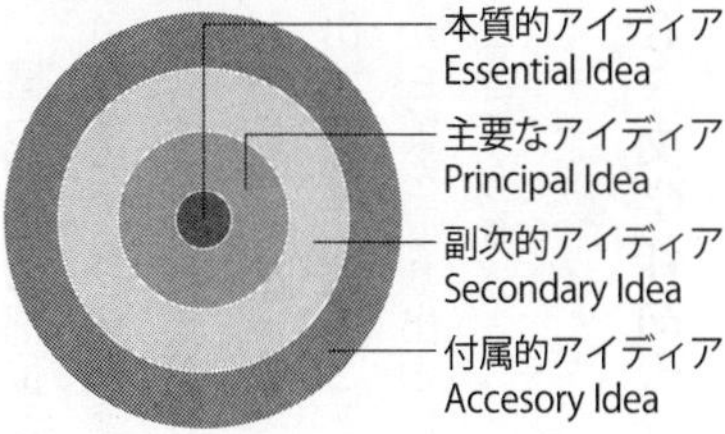

そこで作品を理解するために読者が知る必要があるのが、そのテクストの仕組みと解釈のための観点である。これらが共有されると、一つの作品を巡り、読者同士が深い議論をできるようになり、一読しただけでは気づかなかったような作品の本質へと迫ることが可能になる。

一般的に一つの作品は、図6－1「作品の成り立ち」にあるように、概ね四つの部位から成り立っており、あるテクストを読解するとは、中心にある主題を取り出すことを意味する。ところが、この主題、つまり「本質的アイディア」は文章の中に深く埋め込まれており、その周囲は、「主要なアイディア」や「副次的アイディア」、そして「付属的アイディア」で取り囲まれている。この堅牢に取り囲まれた要塞の中から主題を取り出すには、観点ごとに情報を分析しながら一歩一歩中心に迫る必要がある。ちょうどリンゴから種を取り出すためには、皮をむき、実を剝《は》がし、芯をよけないと種に至れないのと同じことである。

3 文学作品の分析

(1) 観点

文学的作品の分析においては、基本的に次のような観点を用いる。

①構成

・物語の構造

どのような構造になっているか

・プロット

ある出来事はどのような原因に端を発し、どのような結果に繋がるか

因果関係上の重要点を取り出すとどのように要約できるか

・語りのスタイルと調子

どのようなスタイルで語られているか・どのような調子で語られているか

特徴的な言葉遣いや言い回しはあるか

・視点

どの視点から語られているか

一人称視点か、三人称全知視点か、三人称限定視点か、稀に二人称視点も存在する

・仕掛け

象徴的なものが置かれているか・寓意的なものが置かれているか

反復されるものがあるか・原型はあるか

②内容

・主題

本質的に提示されていることは何か

- 設定

場所・季節・天候・時間・時代背景・社会状況・文化的状況・心理的状況など

- 登場人物

どのような人物か

性別・年齢・外見・出身・人種・役柄（肩書き）・家族・名前（意味がある場合）・教育的背景など

- 事件

人物の成長・人物の動機・人物の葛藤・人物の状況・登場人物の相互関係など

何が起こっているか・どのような問題が発生しているか

- 象徴

何か象徴的な意味を持つものはあるか

- 隠喩・暗喩

隠喩・暗喩はあるか

- 作者

作者はどのような人物か・どのような背景を持っているか・それは作品に投影されているか

- 比較と対照

内容を他のものと比較できるか・比較対照となり得る事象が存在するか・類似の内容を持つ書籍、映画等があるか・その書籍と他のものとの類似点と相違点は何か

③表現

- 文法

文法的に際立った特徴はあるか・受賞なぜ文法的にそのような用い方が選択されたか（例えば助詞の「は」と「が」の使い分け、主語の用いられ方等も考察対象）

- 表現

特徴的な表現はあるか・特徴的な言葉遣いや語彙等はあるか・反復される表現はあるか　筆者独特の表現等はあるか・特徴的な表記等はあるか（例えばなぜ敢えてカタカナで表したのか）

分析に用いる観点のうち、「国語」の授業では、あまり馴染みのない「物語の構造」、「プ

ロット」、「視点」について少し詳細に触れるとしよう。

・物語の構造

構造については、劇や文学作品などにおいて最も盛り上がるところがクライマックス（最高潮）、その後が結末と呼ばれることを学校の授業で学んだ方も多いことだろう。この構造は、短編や長編小説、物語詩（バラード）、映画、漫画など、物語を扱った様々な作品に用いられているし、スピーチ、とりわけ感動的なそれや、意外なところでは実務的なビジネス文書の導入部でも応用される。

典型的な物語の構造を持っている昔話（古典的な物語）で各部分の役割を捉えると、物語がどのように組み立てられているかが理解しやすい（図6－2）。まず「冒頭」においては、物語の設定（時・場所など）や主人公の紹介がなされる。「発端」では、主人公に対する敵役が登場し、主人公の生活や人生が複雑化する。まもなく主人公はその敵に立ち向かうべく出発し、「山場が開始」される。山場において、典型的な物語では、主人公は三回困難に立ち向かう。例えば日本の昔話「三枚のお札」では、小僧は三枚のお札で山姥との三回の闘いを切り抜けるし、イギリスの昔話「三匹の子豚」では、末っ子の子豚は三度狼に襲われて何とか逃げ切る、またグリム童話の「白雪姫」では、姫は三回義母に襲われる、という具合である。この山場においては、一度目より二度目、二度目より三度目という具合に試練が厳しくなり、物語が頂点に向かって盛り上がっていく。続く「クライマックス」では、主人公が敵を克服する。すると山がストンと落ち、「結末」では問題が解決して終息する。物語によっては、山登りの過程がもっと複雑だったり、クライマックスから結末に至る部分でさらにひねりがあったりする場合もあるが、基本的には世界中の多くの物語がこうした構造を持っている。

図6-2　物語の構造

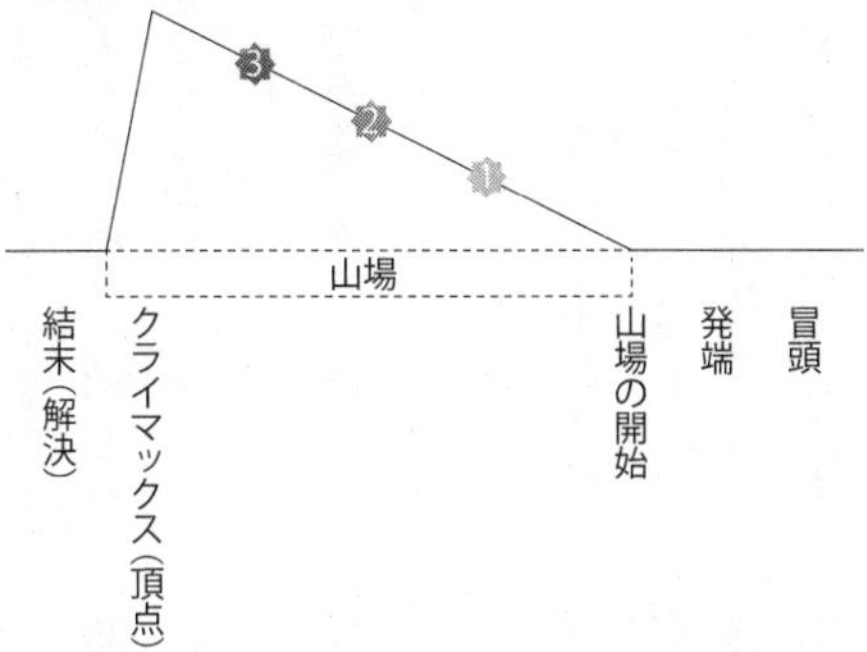

　このような基本構造を元に、敢えてその構造が崩されて様々な物語が生まれる。「冒頭」と「発端」が倒置され、いきなり敵が登場してから設定と主人公の紹介がなされるものもあれば、「結末」から始まり、「冒頭」に戻るものもある。具体的には、前者に類するのは太宰治の『走れメロス』であり、後者に当てはまるのは森鷗外の『舞姫』である。また中には、クライマックスの直前か

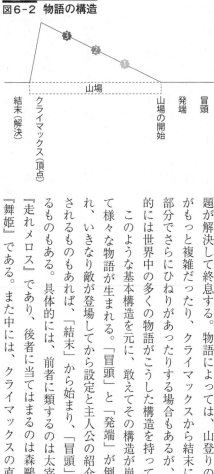

ら始まり、観るものを引きつけ、先を観ずにはいられないような形で作られた映画もあるし、登場人物それぞれに関わる「物語」が横並びにリアルタイムで進行し、時折それぞれの関係を絡ませながらクライマックスに登っていく物語もある。この形で製作されたのは、アメリカのテレビドラマ『24-Twenty Four』（イマジン・エンターテインメント制作、フォックス放送）である。あるいはまた、「冒頭」と「結末」が削《そ》ぎ落とされ、いきなり物語が始まり、佳境に入ったところでプッツリと終わるものもあり、これは超短編小説と呼ばれる比較的新しい物語のジャンルに属する。

図6―3の「『走れメロス』の物語の構造」は、同物語の組み立てを図式化したものである。既に述べたように、この物語は、いきなり敵が登場する「発端」から開始され、それからメロスの紹介がなされる「冒頭」に戻る。その後、主人公が妹の挙式に立ち会い、王との約束履行のために走り出すと山場が動き出す。この山場においては、物語が四度の試練（①濁流を泳ぎ切る、②山賊を倒す、③疲労困憊で約束を放棄しそうになる、④親友の弟子が間に合わないと引き留めようとする）と共に盛り上がり、緊張が増大するのに逆比例するかのように、山場の最初の時点で提示された太陽の位置が降下していく。そして、緊張が最高潮に達する、約束の場所にメロスが姿を現すとき、沈む太陽の様子が「まさに最後の一片の残光も、消え

図6-3『走れメロス』の物語の構造

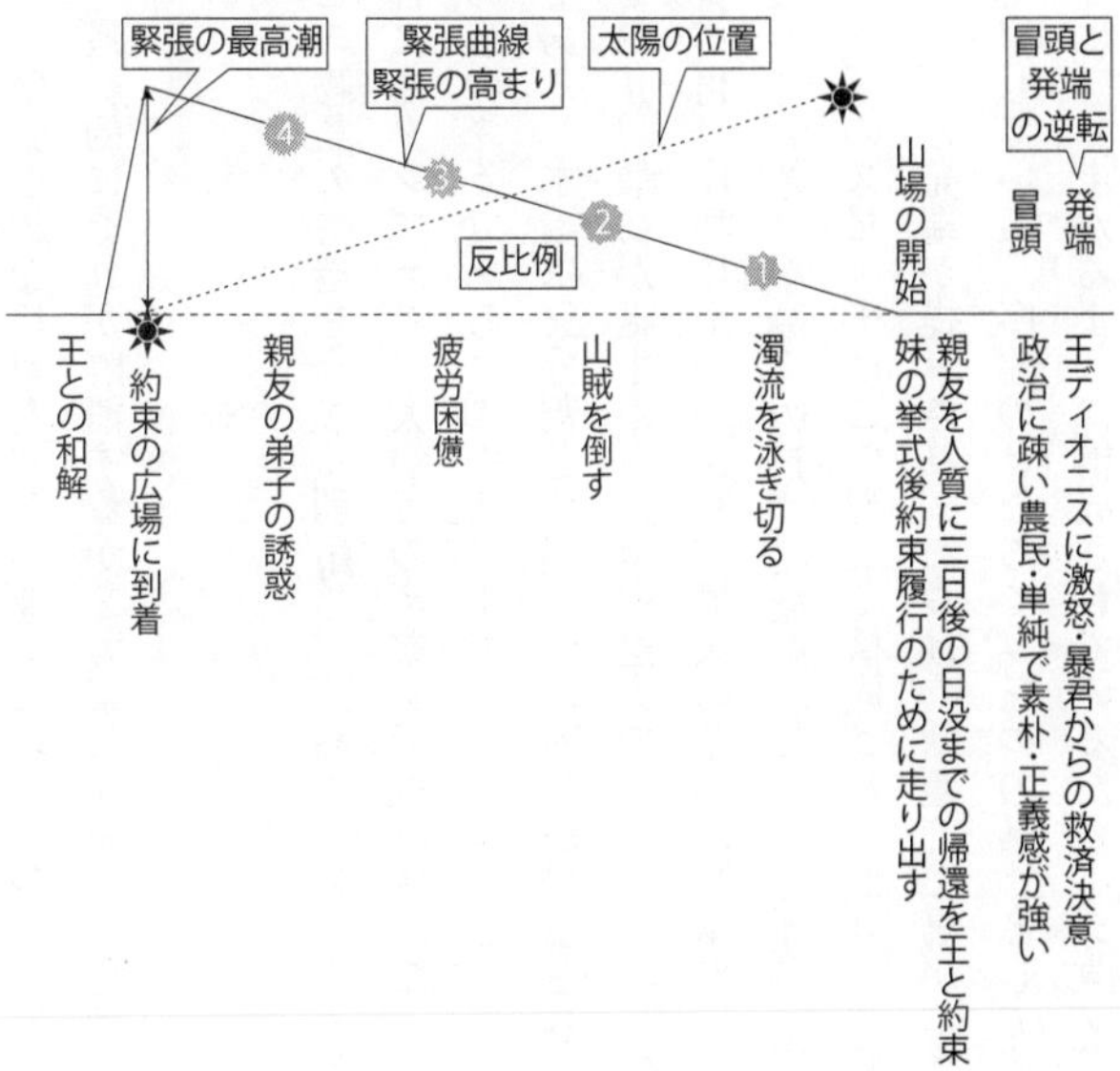

ようとした時」（引用1）と、ドラマティックに描かれる。この試練の繰り返しによる緊張の高まりに対して逆の動きをする太陽の位置が、実はこの物語が醸し出す切迫感を支えているのである。

　この物語については、その元となった「人質」（注1）がドイツでも典型的な英雄詩《バラード》として教科書に掲載されている。ここでは日本の教科書にはない読みの課題として、緊張曲線の盛り上がりと太陽の位置が次のような形で取り上げられている。

緊張曲線を検討し、どの連（詩節）において緊張が高まり、クライマックスに到達し、最終的にそれが解消するかを考察しなさい。その際、太陽の位置の提示に注目しなさい。

（引用2）

この物語の構造をうまく利用し、感動的なスピーチとして有名なのが、二〇〇五年六月十二日にスタンフォード大学での卒業式で披露されたアップル創業者の故スティーブ・ジョブズのもの（注2）である。このスピーチは、全体としてはいわゆる序論と結論とがある小論文形式であり、本論は三分割され、三つの内容が提示されている。その三つの話題は時系列で並んでおり、最初が誕生から大学中退まで、次がその後の仕事における成功と失敗、そして愛を得て再び成功に至った過程、最後の話題は膵臓癌に向き合ったジョブズのその当時の状況となっている。小論文の形式には、「物語型小論文」が存在することは第4章で言及したが、ジョブズのスピーチはこの形式で構成されており、本論の一つ目の話題で、物語の構造における冒頭と発端が提示され、二つ目の話題で山場が示され、三つ目の話題は一種の結末の様相を呈している。序論のところで「三つの話」として淡々と切り出された話題が、本論で、徐々に盛り上がるように構成されているため、ジョブズ自身の劇的な人生の展開とも相まって、聞き手は彼の物語に引き込まれ、情感を刺激されるのである。

ビジネス文書において、読み手の興味を引きつけるためにその導入部分に「古典的な物語の展開様式（the classic narrative pattern of development）」(引用3)を用いるように推奨するのは、マッキンゼーで女性初のコンサルタントになったバーバラ・ミントである。ここで彼女が提案しているのは、ビジネス文書においてすらいきなり書き手の考えを並べるのではなく、読み手が既に気に留めている事柄を誰もが知っている語りの構造を利用して文書の導入部分に置き、それによって読者の中に疑問を呼び覚まし、解決への期待を抱かせてから本筋に向かうことである。ミントが述べる「古典的な物語の展開様式」とは、先に示した物語の構造と同じもので、両者を重ね合わせると次のようになる。まず、物語に必要な設定を行う「冒頭」で「状況の時間と場所（the time and place of a Situation）」(引用4)を提示し、次に敵が登場する「発端」部分で「その状況の中に何かが発生」すると、それに応じて物語が「複雑化（Complication）」(引用5)する。するとそれが読み手に「疑問（Question）」(引用6)を引き起こし、読み手にその先の本文の中に書かれているはずの答えを得たいという期待を抱かせることとなる。これを『三びきのこぶた』(注3)を読む読者に置き換えるとさらに理解しやすくなるだろう。この場合、「冒頭」では母親に自立を促されて三匹の子豚達が旅立ち、まもなく「発端」で敵である狼が登場し、物語が複雑化する。するとそれを読む読者は、その先にどのようなことが起こるのか、子豚達は果たして狼から逃げ切れるのかと疑問を抱き、その解決を知りたいがために、先を読み続けることになる。物語の場合は、「冒頭」「発端」から「山場」を経て「結末（解決）」に向かうことになるが、ビジネス文書の場合は、悠長に物語を語るわけではないので、導入部で物語の展開様式を用いて読み手を巧みに書き手の進みたい方向に誘った後は、パラグラフ形式で書き手が与えたい「答え」を提示することとなる。

・プロット

物語の要点が因果関係で結ばれたもので、原因と結果の連鎖を指す。これについては先の『走れメロス』を逆から辿ると「プロット」と呼ばれるその因果関係が明確になる。

この物語は、人心を信用せず周囲を処刑する王に対して死を賭して意見したメロスが、最終的に王からの謝罪を得るという内容を持つ。それについて後ろから前に向かって「そもそもメロスはなぜそのようなことをする結果となったのか。何が原因だったのか」と、一つずつ問いを立ててみると、必ずその前の要点が必要となる。次のような具合である。

- 「王がメロスに謝罪する」→そもそもなぜ王はメロスに謝罪する結果となったのか・その原因は何か
- 「メロスが約束の期限である3日目の日没の最後の瞬間に到着して、親友の処刑を阻止」したから→メロスは結果的になぜ処刑を阻止できたのか・その原因は何か
- 「親友の期待と信頼に報いるために、休養後再び走る」ことに徹したから→なぜ休養が必要な結果となったのか・その原因は何か
- 「疲労困憊」したから→なぜそのような状態になったのか・その原因は何か
- 「妹の挙式終了後、王との約束履行のため約束の地を目指し」て走り続けたから→なぜそんなことをする結果となったのか・その原因は何か
- 王が「3日間の猶予を与えてメロスの不実を実証」しようとしたから→王が結果的にメロスにそのような試練を与える気になった原因は何か
- 「親友を人質に出すことと引き換えに妹の挙式への出席」をメロスが王に懇願したから→メロスが王にそのようなことを懇願する結果となった原因はどこにあるのか
- 「王の怒りを買い、メロスは即座に処刑されそうに」なったから→結果としてメロスが処刑されそうになったのはなぜか・その原因は何か

・メロスが「王の暴虐な政治に腹を立て」、王を非難するために死を賭して王宮に乗り込んだから

・視点

語りには基本的に二つの視点があり、一つは一人称視点、もう一つは三人称視点*と呼ばれる。前者は、一般的には物語の主人公が語り手で、その目から観て、感じたことを主観的に語るものである。一方後者の場合、語り手は物語の外にいて、第三者の視点から客観的にことの成り行きを語る。語り手の視点がどこに置かれるかは、物語の内容に大きな影響を与えるため、文章を読む際には、この語りの視点に注意を払う必要がある。同じ物語でも、視点の変更により全く異なる内容になることについては、先の『三びきのこぶた』と『三びきのコブタのほんとうの話』(注4)の比較が参考になるだろう。

*三人称視点には、三人称全知視点、三人称限定視点など複数の種類が存在する。語りの視点として稀に二人称視点も存在する。

(2) 超短編小説の分析——静かな家

それではここで、超短編小説のジャンルに属する「静かな家」(注5)という小説の分析を実際に試みてみよう。この超短編小説の様式に属する小説の特徴は、短く、物語の構造上の欠落があり、場所や時などが限定された中に少数の人物が登場するというものである。ここで扱った作品は作者マリー・ルイーゼ・カシュニッツ（一九〇一～七四）の遺作として発表されたもので、古い作品でありながらその評価が高く、ドイツでは未だに高校一年生程度の分析対象として定番である。

静かな家（Ein ruhiges Haus）　マリー・ルイーゼ・カシュニッツ（三森ゆりか訳）

静かな家だと、あなたはおっしゃるの？　ええ、今は静かな家です。でも、ほんの少し前までは地獄でした。私達の上と下には、小さな子どものいる家族がいます。考えてもみてください。吠え声と叫び声、絶え間ない争い、腹を立てた小さな足が床を踏み鳴らしたり、不満そうにすりつけたりする音。最初は私達も、床や天井をほうきの柄でつついたりしていただけでした。でも、それがぜんぜん役に立たないとわかると、夫が電話をしました。はい、申し訳ありません、と、両親は言いました。子どもに歯が生えかけていて、とか、双子がちょうど歩き始めたところで、と。もちろん私達は、そんな言い訳には満足しませんでした。夫は、家主に苦情を言いましたよ、毎週1回ね、するとついに我慢の限界。家主は上の人達と下の人達に手紙を書き、そして、即刻解約すると脅しました。その後すぐにずっと良くなりました。ここの住まいはあまり高くありませんし、それにこの若い夫婦達は引っ越しのためのお金をぜんぜん持っていません。どうやってあの人達が子ども達を黙らせたのかですって？　そうね、はっきりとは私も知りません。私が思うに、あの人達、今じゃあの子達をベッドの脚にくくりつけてはうことしかできないようにしているんじゃないかしら。そうすればあまり騒音を立てずに済むから。恐らく子ども達は強い鎮静剤を与えられているんだわ。あの子達は、叫んだり歓声を上げたりしなくなりましたもの。その代わりに、ぶつぶつと独り言を言うだけ。寝ている時みたいにね。今では私達もまたご両親に挨拶をするようになりましたよ。階段で会ったときにはね。お子さん達はいかが、とその上私達は尋ねたりもしますよ。元気です、と両親は言うわ。どうしてその時あの人達が目に涙を浮かべるのか、私にはわかりませんけれどね。

21

この物語の構成については次のように考えられる。

①物語の構造

この小説は、超短編小説である。というのは、冒頭や発端がなく、いきなり物語が始まり、そして明確な結末がないまま突然途切れるからである。

また、物語は一段落の構成ながら内容は時間的に大きく二つに分けられ、前半には過去の状況、後半には現在の状況が示されている。十行目の「その後」を境に、読み手にとっては前半における主人公の印象と後半におけるそれとが大きく異なる。前半においては、主人公は上下の住人の立てる騒音に対し、一住人として正当な対処を行ってきた人物のように捉えられる一方で、後半では主人公が上下の夫婦や子ども達に対してどのような考えを持っているかが明示され、彼女の本性が露わになる。

②物語のスタイルと調子

一人の登場人物が別の人物に語る調子で物語が進行する。その証拠となるのは、「静かな家だと、あなたはおっしゃるの?」(一行目)と「どうやってあの人達が子ども達を黙らせたのかですって?」(十二行目)の疑問文で、これらは語り手が「あなた」と呼ぶ相手の問いに答える形の文になっている。また、語り手は敬語で相手に語っているため、翻訳の際には丁寧な言葉で話している調子にした。

③視点—一人称

女性の一人称視点で書かれている。その理由は、全体が一人称の「私」で語られているからである。

物語の設定確認後に実施する内容の分析については、筆者が通常授業で実施している対話形式で示すことにする。「生徒」と括った参加者は一人ではなく、中学一年生から言語技術を学習し始めた複数の男女の高校一年生達である。

①設定

三森　この物語の舞台はどこ?　また、そう考えられる根拠は?

生徒　賃貸アパートの一室、部屋の中。玄関先かもしれない。

「賃貸」と言えるのは、八行目に「家主」の記述があるから。

「アパート」の根拠は、「私達の上と下」（二行目）に住んでいる人達がいるとある。

このアパートは少なくとも三階建て、その根拠は右に同じ。

「階段で会ったとき」（十八行目）は、共同階段のあるアパートであることを示す。

三森　どの程度の水準のアパートか？

生徒　家賃が安い安普請のアパート。

「家賃が安い」については、十一行目に「ここの住まいはあまり高くありません」と、主人公自身が述べている。

「安普請」については、上下の階の子ども達の足音や声が響き（三、四行目）、主人公と夫が床や天井をほうきの柄でつつくと相手に音が伝わる（五行目）ことから、床や天井が薄いと言える。また、後半で語り手が、上下の子ども達が「叫んだり歓声を上げたりしなく」（十六行目）なったと述べていることも壁などの薄さを示している。さらに「ぶつぶつと独り言を言う」（十七行目）のが聞こえるとしたら、壁や床は相当薄いことになる。

三森　なぜ部屋の中と言えるの？

生徒　一行目で主人公が相手の質問に答え、「静かな家だと、あなたはおっしゃるの？」と言っているから。二人が部屋の中にいない限り、上下の音は聞こえないはず。「玄関先」の可能性もある。というのも、上下の音は部屋の中まで入らなくても聞こえるかもしれないから。

②登場人物

三森　登場人物は誰？

生徒　主人公の女性とその話し相手。夫と家主。上下の住人。一人称の語り手である女性と、「あなた」と呼ばれる話し相手。夫と家主、上下の住人達は主人公の話の中に登場する。

三森　主人公はどのような人物か？

生徒　五十代以上の女性で、結婚しているけれど子どもはいない。「五十代以上」というのは、主人公が上下の家族について「若い夫婦達」（十一行目）と言っているから。これは自分が「若い」範疇には入らないことを意味する。

「既婚」というのは、同居人を「夫」（六行目など）と呼んでいるから。つまり、結婚しているということ。

「子どもはいない」の根拠は、主人公が子どもの立てる騒音に全く無理解だから。主人公が上下の子どもについて、「ベッドの脚にくくりつけて」（十四行目）、「強い鎮静剤を与えられている」（十六行目）など、ひどく無慈悲な言葉を平然と言っているから。

三森　確かに。私自身も子どもがいなかったときは彼らの立てる足音が妙に気になったけれど、自分に子どもができてからはそんなことを考える余裕もなくなり、気にならなくなった。では、主人公はどのような暮らしをしているのか？

生徒　安普請のアパートで暮らす、経済的にさほど豊かではない専業主婦。

「経済的に豊かではない」については、主人公は、「ここの住まいはあまり高く」ない（十一行目）、「若い夫婦達は引っ越しのためのお金をぜんぜん持って」いない（十一、十二行目）と、上下の階の住人について語っていながら、実は自分自身が、家賃が「あまり高く」なく、上下の子ども達が立てる物音が聞こえるような安普請のアパートに住み、もしかしたら「引っ越しのためのお金」を自分も持っていないことを露わにしているのではないか。なぜなら、それほどに文句があるのなら、自分が引っ越せば良いはずだから。

「専業主婦」と言えるのは、幼い子ども達が最も活発に動き回る時間帯に家にいるからこそ主人公は彼らの立てる物音が気になっていると考えられるから。

三森　夫はどのような人だと考えられるか？

生徒　主人公と同じように、上下の住人をうるさいと考えている人。

夫は、もしかしたら働いているのかもしれない。なぜなら、夫が家主に文句を言うのは「毎週1回」（九行目）だけだから。

どうしても気になるんだけど、この夫は主人公と同じ考えなのかな？

同じ考えに決まっている。そうでなければ、夫は天井や床をつついたり、家主に苦情を言ったりするはずがない。しかも、相手に電話しているのも夫だし。

三森　なるほど、鋭い指摘ですね。この問題は、もう一度後からゆっくりと詰めましょう。その前に、主人公とその相手はどのような関係なのか？

生徒　さほど親しくない相手、知り合ったばかりの相手。

少なくとも「知り合ったばかり」と言えるのは、主人公が「今は静かな家」（一行目）ではあるものの「ほんの少し前までは地獄」（一、二行目）だったと語っているから。つまり相手は、「ほんの少し前まで」の主人公の家の事情を知らないと言える。

三森　「あなた」「おっしゃる」と主人公は相手に敬語で話をしている。
実は「敬語で話をしている」という指摘は正しい。というのも、これはドイツ語の小説の翻訳だけれど、ドイツ語の二人称には、敬称のSieと親称のduとがあり、この作品では、主人公は相手を終始前者で呼んでいる。では、主人公はどのような性格か？

生徒　傲慢、利己的、無慈悲、冷酷、厚顔無恥……。
主人公は、親しくない相手に向かって上下の住人の立てる騒音でいかに迷惑したかを、自分達の行為が正しいという前提で語っていて、その語り口には迷いがなく、決然としている。普通なら、相手がどのように自分の話を受け取るかと考えても良さそうだけど、この主人公は自分が正しいと思い込んでいる。あり得ない。
話し相手から子ども達が静かになった理由を尋ねられて、「ベッドの脚にくくりつけて」（十四行目）いる、「強い鎮静剤を与えられている」（十六行目）など、虐待とも言える内容を主人公は平然と語っている。相手が自分のことをどのように思うか、その点に主人公は全く配慮していない。

階段で上下の住人とすれ違う際の態度もすごい。上下の騒音が治まった途端、「またご両親に挨拶をするように」（十八行目）なったと、主人公は述べている。これは裏を返せば、それ以前は階段で会っても無視していたことを意味する。

もっとすごいのが、主人公が相手に、「お子さん達はいかが」（十九行目）と、尋ねたりすると語っていること。このような行為は、自分が正しいと思い込んでいない限りできないし、幼い子どもにとってじっとしていることがどんなに苦痛か、あるいは困難かを全く理解せず、主人公は自らが社交上の礼節を遵守する人間であることを話し相手に平然と伝えている。

すごいと言えば、こちらのほうが上なのでは？　主人公は、両親が目に涙を浮かべる理由について「私にはわかりません」（二十、二十一行目）と傲然と言い放っている。この時自らの人間性を聞き手がどのように捉えるかの配慮が主人公には全くない。

そもそも常識的に考えてみたときに、主人公は、自分にとって不利益になり得る事柄を親しくない間柄の聞き手に平然と話ができる人物。これは傲慢以外のなにものでもない。

自分の主張が通るまで、家主に苦情を言い続けるのは、しつこさの表れ。自分の考えが通るまで引き下がらないことが、この「毎週1回」の家主への苦情に表れている。

でも、それをやっていたのは夫ではなかった？

③問題についてのより深い考察

三森　さっきから何人かが気になっていることについて、考えてみよう。主人公とその夫は上下の住人に対して全く同じ考えを持っているのか？　夫が主人公と同じ考えではないかもしれない、という意見の人は、どこにその根拠を見いだしているのか？

生徒　語りの視点が一人称であることがその根拠。語りの視点は主人公の一人称視点で、彼女は全体を一人称複数形の「私達」で語っており、あたかも夫と彼女の意見には齟齬がないかのように読める。でも、客観的データがないため、聞き手である相手や、読み手である私達は、夫の真意を窺い知ることしかできない。そのため、彼女の言葉通りとすれば、夫も上下の住人に腹を立てていると言えるし、彼女の言い方を文字通り受け取れば、夫のほうが彼女よりも上下の住人に怒りを感じていると言える。なぜなら、上下の住人達に電話をしたのも夫だし、毎週1回家主に苦情を言ったのも夫だから。

でも、彼女の言葉にバイアスがかかっているとすれば、夫は彼女の言いなりになっているに過ぎないのかもしれない。

物語の中で、苦情申し立ての役割を担っているのは確かに夫である。彼は、上下の住人に「電話をし」（六行目）、「家主に苦情を言」（八行目）っている。しかしそれが本人の自発的行為なのか、妻に抵抗できずにそうしたのかについては、妻自身の一人称の語りからは明確に捉えきれない。とりわけ家主に対する苦情が週1回に限定されるところから、夫は平日には仕事をしている可能性も捨てきれず、そうなると夫自身は、平日、子どもが最も活発に活動する時間帯に不在の可能性もある。

視点について最も気になるのが、十三行目と二十行目でのみ、一人称単数が用いられていること。しかも十三行目と二十行目は「私も知りません」、「私にはわかりません」、十三行目は「私が思うに」となっている。一連の行為が夫主体であることを示す時には複数形を用い、責任逃れや推量をする時には一人称を使っているのではないか。全体が一人称複数形で語られると、上下の住人達に対する行為は全て彼女と夫、二人の考えに基づくものであるように読める。一人称単数形は三度、しかもさりげなく使われるため、よほど注意しないと、その意図には気づかない。

三森　結局、夫は妻の尻に敷かれ、いいようにこき使われているってことか……。

視点の問題が指摘されたことに関連してもう一つ。では、家主は本当に上下の住人を「即刻解約すると脅し」（十行目）たのだろうか？

生徒　これも客観的データがないのではっきりとはわからない。

家主は確かに上下の住人に騒音に対する注意はしたかもしれない。毎週1回苦情申し立てをされ、家主が「ついに我慢の限界」（九行目）に達したことは十分に推察できる。でも、そう述べているのは一人称の語り手であり、家主自身の心情は不明。「我慢の限界」に至ったのは家主なのか？　ここの主語が曖昧で判然としないけど、でも夫婦はとっくに堪忍袋の緒が切れているわけだから、「するとついに」と時間が経過することはあり得ない。だからやはりこれは家主の心情なのだろう。そもそも家主が忍耐しきれなかったことが、彼を次の段階に進ませたわけだし。

家主が住人達に、「即刻解約すると脅し」（十行目）たことを語り手はなぜ知っているのだろうか。

そのようなことを、家主はわざわざ主人公に言うだろうか。常識的に考えてみたとき、家賃を払ってくれる上下の住人を家主が脅迫して追い出す理由はあるだろうか。家主にとって厄介なのはむしろ老夫婦ではないだろうか。

語り手は、家主の感情にもバイアスをかけていると考えられる。

そもそも上下の住人が退去した後、このアパートに同じような問題が発生しないという保証はないのでは？　住人が誰であれ、この主人公はその性格から、同じような苦情申し立てをする可能性がある。

ただ、家主が上下の住人を脅していないとすると、気になるのはなぜ子ども達が音を立てなくなり、さらに語り手が両親に階段で声をかけると、彼らが涙ぐむのか、という点。彼らがそうするのは、やはり家主に立ち退きを迫られたからではないのか。

その後、この「静かな家」のような状況は実際に世の中に存在するのかどうか、実際にこれまで生徒達がニュースや身近で類似の問題を見聞きしたことがあるかどうかに議論が及び、最終的に彼らは主人公の人となりについての分析結果を作文にまとめて授業は終了した。

(3) 超短編小説の分析――サンサルバドル

次の作品「サンサルバドル」(注6)は、スイスの作家ペーター・ビクセルの作品である。彼は盆栽のように精密に美しく整えられた作品を書いたことから、超短編小説の名手と呼ばれる。これは「静かな家」よりもやや難しく、だからこそ観点を共有しながらの議論に価値のある作品である。

サンサルバドル (San Salvador)　ペーター・ビクセル (三森ゆりか訳)

彼は、一本の万年筆を買っていた。

彼のサイン、彼のイニシャル、彼の住所、数本の波線、それから彼の両親の住所を一枚の紙片の上に何度か走り書きしてみたあと、彼はもう一枚新しい紙を取り、慎重に折って、そして書いた。「僕にはここは寒すぎる」、それから、「僕は南アメリカへ行く」、それから彼は中断し、キャップを万年筆に被せて回し、紙を眺めて、インクが乾き、そして黒っぽい色になっていく様を見（文房具店では、それは黒くなると保証されていた）、それからまた彼は改めて万年筆を手に取り、さらに彼の名前であるパウルとその下に書いた。

それから彼はそこに座っていた。

しばらくして彼は新聞をテーブルの上から片付け、その際に映画の広告にさっと目を走らせ、ぼんやりと何かを考え、灰皿を脇へ押しやり、波線を書いた紙片を破り捨て、万年筆のインクを空にし、そして再び一杯にした。映画の上映時間にはもう遅すぎた。

教会のコーラスのリハーサルは9時までかかり、9時半にはヒルデガルトは帰宅するはずだった。彼はヒルデガルトを待っていた。ラジオからはずっと音楽が流れていた。今彼はラジオを消した。

テーブルの上に、ちょうどテーブルの上の中央に、今や折られた紙が置かれており、それには暗い藍色の文字で彼の名前がパウルと書いてあった。

「僕にはここは寒すぎる」ともそれには書いてあった。

そろそろヒルデガルトが帰宅するはずだった。9時半には。今は9時だった。彼女はきっと彼の通知を読み、驚き、南アメリカについては恐らく信じないものの、それでも洋服ダンスの中のシャツの数を数え、何かが起こったらしいと考えるだろう。彼女は「ライオン」に電話をするだろう。

「ライオン」は、水曜日は定休日だ。

彼女はうっすらと笑みを浮かべ、そして絶望し、そしてそれを受け入れるだろう、多分。

彼女は何度も髪の毛を顔からかき上げる、左手の薬指でこめかみから脇へ滑らせるように、それからゆっくりとコートのボタンをはずすだろう。

それから彼はそこに座ったまま、誰に手紙を書けるだろうかとじっと考え、万年筆の使用説明書をもう一度読み——ちょっと右側に回し——フランス語の説明も読み、英語とドイツ語の説明を比較し、再び彼の紙片を見、椰子の木を思い、ヒルデガルトを思った。

そこに座っていた。

そして9時半にヒルデガルトは戻り、そして尋ねた。「子ども達は眠っている？」 35
彼女は髪の毛を顔からかき上げた。 36

本作品の構成については、次のように言える。

①物語の構造

十分な設定がないまま唐突に始まり、明確な山場もなく唐突に終了する超短編小説。また、物語で語られる時間も、ほんの一時間程度と非常に短い。

②物語のスタイルと調子

ビクセルは巧みな計算によるスタイルと調子で、遅々として進まない時の中で、時間を持て余しダラダラと過ごす主人公の様子を表現している。

＊読点の多用

作文の指導において、句読点の打ち方に配慮し、冗長な文章とならないよう注意を受けるが、この作品ではまさにそれが、主人公が時間を持て余す様を表現している。二～四行目にわたる一文には読点が七回、四～八行目にわたる次の一文には九回、さらに十一

〜十三行目の一文には六回の読点が、句点で区切られることなく用いられている。
＊同じ接続語の多用
これについても作文指導において、同じ接続語を何度も使わないように指導されるが、本作品ではそれが遅々として進まない時間にいらだつ主人公の様子を表現している。
そして　六回
それから　七回
ドイツ語では、そして（und）、それから（dann）と、音が異なるが、日本語ではどちらも「そ」で始まるため、余計に反復感が強調される。
＊同じ語の反復
9時　9時半
9時から9時半までの三十分がいかに長く、主人公がどれほど三十分の経過を心待ちしているかが、時間を繰り返し示すことにより強調されている。
＊改行の多さ
小説における改行は様々な意味を持ちうる。この作品では改行は、主人公が時間を持て余して無為に過ごす空白の時間を表す。文字のある部分では主人公は何らかの行動をし

ている一方で、改行によって空いた空白部分では、主人公は特別な行動をせず、ぼうっとしている様子が表現されている。また十行目はわざわざ一行空けられ、時間の経過が示されている。

③視点

三人称全知視点

内容については、様々な分析と解釈が成り立つ。

①設定

＊場所　自宅の居間かダイニングキッチン、テーブルと椅子がある

＊時間　夜の9時前から9時半までの間。「9時」の証拠は「今は9時だった」（二十一行目）。「夜」の根拠は「映画の上映時間にはもう遅すぎた」（十三、十四行目）、「子ども達は眠っている？」（三十五行目）

＊季節　冬、クリスマスの近い時期？↓「ゆっくりとコートのボタンをはずす」（二十九行目）、「教会のコーラスのリハーサル」（十五行目）

②登場人物

部屋には主人公のパウルが一人、テーブルに向かって座っている。妻ヒルデガルトは不在。子ども達は別室で眠っている。

＊主人公の「彼」とはどのような人物か

・名前はパウル

・二人以上の幼い子どもがいる→「子ども達」（三十五行目）、9時前に就寝している

・年齢は三十代前半くらい→9時前に就寝する子ども達がいる

・結婚している→ヒルデガルトが彼に「子ども達は眠っている？」と尋ねている（三十五行目）、ヒルデガルトの「左手の薬指」（二十八行目）に言及されている。それは結婚指輪をはめる指

・ある程度の教養がある→万年筆（一行目）、新聞を読む（十一行目）、フランス語、ドイツ語、英語が読める（三十一、三十二行目）

＊妻ヒルデガルトとはどのような人物か

・夫と二人以上の子どもを持つ

・恐らく毎週水曜日の夜、教会のコーラスに参加→公演直前の予行練習である「リハー

サル」(十五行目)に参加しているので、彼女は以前からコーラスに通っていると思われる

• 前髪が長い→「髪の毛を顔からかき上げた」(二十八、三十六行目)

• 癖→髪の毛を顔からかき上げる。「何度も」(二十八行目)

③事件・何が起こっているか

＊パウルは何をしているのか

• 教会のコーラスに出かけた妻に代わって幼い子ども達を寝かしつけ、留守番をしつつ、妻の帰宅を待っている

＊彼はどのような心境か

• 退屈しきっている・時間を持て余している・妻を待ちくたびれている

一連の無意味な行為→万年筆のインクの出し入れ・万年筆で波線を書いたり名前を書いたり、両親の住所を書いたりしている・ぼんやりと何かを考える・映画の広告を新聞で見る等

時間を気にする(9時・9時半)

テーブルに向かって座り続けている↓三度繰り返される「座っていた」の表現に見られる変化
「それから彼はそこに座っていた」（九行目）、十行目は一行の空白になっており、彼が座ったまま無為に時間を過ごす様子が表現されている
「それから彼はそこに座ったまま」（三十行目）
「そこに座っていた」（三十四行目）↓この文には元々主語が欠落している。文法的に主語が必要なドイツ語における主語の欠落は意図的なもので、その欠損は恐らく主体の喪失を表し、パウルが自らの考えの中に埋没し、微動だにしない肉体だけがそこにあり、「彼」の精神が存在しないことを意味するのではないか

＊彼は何をしたいのか
・家から、あるいは妻から逃避し、暖かいところへ行きたい↓「僕にはここは寒すぎる」（四、二十行目）
「僕は南アメリカへ行く」（四、五行目）、題名の「サンサルバドル」はエルサルバドルの首都

④象徴

＊「ライオン」とは何か・何を象徴しているのか

具体的には「ライオン」は彼の行きつけの居酒屋→彼女がすぐに「ライオン」に電話するだろうと彼は想像している。

「ライオン」は百獣の王を象徴し、十三世紀の頃より「勇敢なもの」「非道なリーダー」などを意味し、王家の象徴でもある。パウルは、家庭において「王」になり、妻の上に君臨したいと切望するも、「水曜日は定休日」（二十五行目）でそれは叶わず、パウルはライオンにはなれず、妻の尻に敷かれているのかもしれない。

⑤隠喩・暗喩

＊サンサルバドル

サンサルバドルは、中央アメリカ中部のエルサルバドルの首都である一方で、スペイン語では「聖なる救世主」を意味する。パウルは、救われることを望んでいるのかもしれない。

＊名前の意味

・名前そのものの意味
パウル→小さい人
ヒルデガルト→「Hilde」闘い、「Gard」囲い地・柵の囲み→妻が夫を包囲し、支配している？
・キリスト教世界での意味
パウル→キリストの使徒
ヒルデガルト→ビンゲンの聖女ヒルデガルト
→キリスト教の世界ではパウルの地位が高く、ヒルデガルトはずっと下に位置
→パウルが高いところから妻を鷹揚に見守っている？

⑥主題＝夫婦はどのような関係か？
A　夫婦関係は冷め切っている。少なくともパウルは家を出たいと考えており、ヒルデガルトもなんとなく気づいている。
・パウルは二度「僕にはここは寒すぎる」と書いている
これは単純に彼が寒いスイスから暖かい「南アメリカ」への移動を夢想しているとも

捉えられる一方で、家庭での妻との関係を心理的に「寒すぎる」と表しているとも解釈可能。

•パウルは、ヒルデガルトの目につくように、「僕にはここは寒すぎる」と書いた紙片を置いている→「テーブルの上に、ちょうどテーブルの上の中央に、今や折られた紙が置かれており、それには」「彼の名前がパウル」と書いてあり、「僕にはここは寒すぎる」とも書いてある（十八～二十行目）。「テーブルの上」しかもそのちょうど「中央」に、彼の希望と名前とが書かれた紙があるということは、彼がそれを妻に見せたいと考えていることを表す

•ヒルデガルトもパウルの気持ちが離れつつあることを薄々感づいている、とパウルは考えている→パウルの夢想の中で彼女は、「うっすらと笑みを浮かべ、そして絶望し、そしてそれを受け入れるだろう、多分」（二十六、二十七行目）と考えているから。彼の想像する彼女は、慌てて彼を追いかけようとはせず、「ゆっくりとコートのボタンをはずす」（二十九行目）

＊彼は、彼女の髪をかき上げる仕草が嫌い

•彼女が「髪の毛を顔からかき上げる」（二十八、三十六行目）ことが二度も書かれ、さ

らにはその文で小説が終わっているから。これは彼が、よほど彼女のその仕草を気に入っているか、あるいは不快に思っているかのどちらかを表す。但し、全体の流れからは、彼が彼女の癖を嫌悪していると取れるのではないか
・彼は、彼女が左手の薬指にはめる結婚指輪を意に介さず髪をかき上げるのが嫌い？
・彼は、子どもの面倒を見ていた彼をねぎらいもせずに子どもが眠っているかどうかだけを尋ね、さらには「髪の毛を顔からかき上げ」（三十六行目）る彼女が嫌い？
＊彼は救世主を求めている
・題名の「サンサルバドル」は、エルサルバドルの首都である一方で、「聖なる救世主」を意味する。彼は夫婦関係に疲れ、そこからの救済を求めているのではないか
B　夫婦の間には特に問題はなく、彼は単に暇つぶしに夢想しているだけで、家を出る気はない
＊彼はヒルデガルトを教会のコーラスに行かせ、代わりに家で子どもの面倒を見ている
＊彼の思考が最終的にヒルデガルトに戻ってきている↓「彼の紙片を見、椰子の木を思い、ヒルデガルトを思った」（三十二、三十三行目）

＊「左手の薬指」、つまり結婚指輪のはまった指で彼女が髪の毛をかき上げることにわざわざ言及している

「サンサルバドル」は、評論家すら夫婦関係についての意見が割れる作品である。だからこそ、観点を共有しながら、語彙や文法、表現方法など、細部にまでこだわって議論をするのに価値ある小説である。本作品については、生徒達に一読後に気になった部分に下線を引かせると、次のような点が上がってくる。

万年筆
「僕にはここは寒すぎる」
「僕は南アメリカへ行く」
彼はそこに座っていた
そこに座っていた（主語がない）
9時と9時半
「ライオン」は、水曜日は定休日だ

彼女は髪の毛を顔からかき上げた

「そして」「それから」

読点

これら、彼らが気になった部分を分析の観点と照らし合わせ、緻密に詳細に分析していくと、活発な議論の深まりと共に小説の本質が露わになる。例えば、冗長な文章と感じる理由を裏付けるには、子細に句読点の打ち方を確認し、「そして」「それから」などの接続語が千字程度の短い文章の中に六回も七回も繰り返されていることに具体的に気づかなければならない。また、そうした仕掛けが、遅々として進まない時間を表現していることと繋がっていることに気づくには、読点が続く部分を音読して息切れやもどかしさを感じたり、頻繁に行われる改行の部分について空白に対応する間を取ってみたりする必要もある（実際には、「サンサルバドル」の解釈に挑戦した高校生達は、小学生の頃から改行が時間や場面転換に繋がる可能性のあることを、分析を通して経験しているため、本作品の仕掛けの意図については即座に指摘があった）。ここでの教師としての筆者の役割は、「静かな家」に示したように進行役に徹し、彼らの分析的批判的思考に繋がる問いを発し続け、彼ら自身が自らの中で問いを立てつつ読む能力を獲得させることである。

（4）長編と短編の扱いの相違

超短編小説は非常に短いため、細部まで細かく分析可能となる一方で、長編小説で同様の読み方をすれば一冊読み終えるのにどれほどの時間が必要になるかわからない。そのため、両者の読みの観点は基本的に同じであるものの、その扱いには相違がある。

長編小説の場合は、物語の構造を捉えて展開を把握したら、登場人物それぞれの役割や相互関係などを押さえ、彼らの中心にある「事件」がそれぞれに及ぼす影響などを考察することになる。また、そこに登場する人物や象徴的な事柄などについて、それらが物語全体にどのような意味をもたらすのか、読者に対して本質的に何を伝えたいのかなどを掘り下げて考えたりもする。例えば、ミヒャエル・エンデの『モモ』(注7)は、児童書の扱いながら、実際には極めて哲学的な問題提起をしている作品である。そこに登場する主人公のモモと敵対する灰色の男がそれぞれどのような役割を担うのか、後者が人々から奪い取る「時間」とは人間にとってどのような意味を持つのか、なぜそもそも男達は「灰色」なのか、その色は何を象徴するのか、そうした事柄について、議論を通して内容を深く掘り下げていくのが、長編小説を扱った場合の読み方である。

4　説明的文章の分析

評論文、説明文、論説記事など、説明的文章のクリティカル・リーディングは、文学作品を読む際の観点を共有しつつ、時事問題や社会状況などを前提として、より現実的な問いを立てて読む行為である。

- 誰が書いた文章なのか？
- なぜ筆者はこの文章を書いたのか？
- 内容は社会的状況と関係があるか？
- どの視点から書かれているか？
- どのようなスタイル、あるいは調子で書かれているか？
- なぜある種の概念、あるいは表現が使用されているのか？
- 書かれているのは事実のみか？

- 筆者の意見が紛れ込んでいる言葉や文はないか？
- 偏見、先入観などのバイアスはかかっていないか？
- このような主張をする筆者は誰か？　その背景は？　出身は？　性別は？　年齢は？　生育環境は？　教育履歴は？　所属は？　社会的立場は？　どのような経験があるか？
- 記事（文章）の中心的ポイントは何か？
- 筆者は読者に何を求めるのか？　あるいは筆者は読者に何を教えようとするのか？　筆者は読者をどこへ導こうとしているのか？　どのような手段で？
- 示されている表現などに二重の意味はないか？　表現の裏に隠れている意味はないか？
- 内容を信頼できるか？　信憑性の薄い部分はないか？　なぜそう言えるのか？
- 構成は妥当か？　提示された論題に対応して一貫して論理的な内容が述べられているか？
- 読者自身は、扱われた問題についてどのように考えるか？
- 文法・表現・用語、その他注意すべき点はないか？

説明的文章の場合、このような点について問いを立てつつ、議論をしたり、あるいは個人で解釈したりし、学校で実施する場合はその後必ず、考えた事柄について何らかの課題が与えられ、小論文形式で自らの考えを論ずることになる。例えば、朝日新聞に掲載されたある社説(注8)については、次のように観点を軸にしながら考察することになる。

社説「入試日程決着　大学の対応が問われる」

コロナ禍により各地で授業に支障が出るなか、来春の大学入試はほぼ予定通りの日程で実施されることになった。文部科学省と高校・大学などの各団体が協議し、決着した。

ただし、1月中旬に行われる大学入学共通テストの2週間後に「第2日程」として試験日を設け、休校の影響で勉強が追いつかない現役生は、出願時にそちらを選べるようにした。

公立高を中心とする校長組織が求めたのは1ヵ月の繰り延べであり、2週間では十分な救済策とは言えない。しかし大学側にも、試験会場をどう確保するかなど難しい事情があった。受験生をこれ以上中ぶらりんの状態に置くことはできず、間をとる形で結論を出したのは、やむを得ないとみるべきだろう。

日程確定を受け、文科省は各大学に出題範囲に配慮するよう要請した。共通テストで受験を課す科目を減らす。個別入試では、高3で習うことが多い科目に、どの設問を解答するかを受験生が選べる方式を一部導入する――などを例示している。大学側は前向きに応じてほしい。「日程も範囲も例年通り」で済ませることはできない。

また個別入試でも、各大学が追試や別日程への振り替え措置を用意することになった。ウイルスに感染して本来の試験を受けられなかった生徒向けの対応だが、共通テスト同様、こちらも学習の遅れた現役生に門戸を開いてはどうか。大学の裁量でできることだ。

受験生や家庭の不安は試験会場での感染リスクにも向けられている。換気、距離の確保などどんな対策をとるか。専門家の見解を踏まえて決め、その専門家のコメントもあわせて公表する。そんな細やかな対処が求められよう。体調に不安があるという受験生には、追試の用意がある旨を丁寧に説明して、無理をさせないことも大切だ。

再び感染の波が襲った場合、今度こそ日程の見直しは避けられない。国はもちろん、大学側も推薦入学の枠を広げるなどの備えをしておく必要がある。

もう一つ、各大学にできる工夫は入学時期の複線化ではないか。帰国子女などに限定せずに秋入学を受け入れている大学は少数ながらある。これが増えれば受験生の選択肢は豊かになり、大学の個性化にも資する。今回検討された9月入学への一斉移行とは違い、社会にも大きな負担はかからない。

入試は受験生が学校を選ぶ機会でもある。選ばれるために、いま何をすべきか。大学はその問題意識をもち、前例のない事態に見舞われた受験生に寄り添う姿勢を、それぞれの知恵と工夫で見せてもらいたい。

- 誰が書いた文章なのか

朝日新聞の「社説」欄に掲載された記事である

↓誰がその記事に責任を持つのか

↓記事は記者の個人的な意見を反映するのか、それとも社の総意か
↓なぜ朝日新聞は「社説」欄にこの記事を掲載したのか

この文章は、朝日新聞の「社説」欄に掲載されたものである。社説とは、「新聞などに掲載される論説記事の一つで」、「最新の時事・国際問題など、注目されるニュース」を取り上げ、「その背景を解説すると同時に社の主張や考えを述べる」(引用7)ものである。社説は一般的に論説委員が執筆を担当するため、この文章も恐らく朝日新聞社の論説委員の一人が同新聞社の基本的な考えを代弁したものであると考えられる。また、この記事では執筆担当の論説委員名が書かれていないため、一人の論説委員が執筆したあとに複数の目で修正されている可能性もある。新聞社の中には記名式で社説を発表するところもあり、その場合は執筆した論説委員が記事内容に責任を持つことになる。

・なぜ筆者はこの文章を書いたのか
・内容は社会的状況と関係があるか
↓この問題を取り上げたのは筆者のみか・他の記事との比較が可能か
　その場合、この記事と他の記事の主張とに相違点、共通点はあるか

二〇二〇年の幕開け早々に始まった新型コロナウイルス問題をきっかけに、日本の新学

年の開始を現行の四月から九月に移行する議論が起こった。きっかけは学校閉鎖で勉学の機会を奪われた高校生達の訴えだった。一時は安倍政権が九月移行を推進する考えを示したものの結局様々な理由によりその意向は頓挫し、結果的に現行のままの入試が実施されることとなった。その意味で大学入試は、受験生達、高校、並びに大学側にとって極めて重要、かつ時事的な問題であった。

・文章構成は適切か
序論の構成が曖昧で明確に論題が提示されていない。そのため、筆者の考えは最後まで読まないとはっきりしない。

・どの視点から書かれているか
↓選択された視点は、記事内容にどのような影響を与えているか
三人称の客観的な視点で書かれている。従って記事は個人的な主張というよりは、より客観性の高いものであることを意味する。この記事の場合、新聞の社説欄に掲載されており、また記名もないため、論説委員個人の意見というよりは、新聞社を代表した意見と捉えることになる。

・書かれているのは事実のみか

↓事実のデータの入手先は信頼できるか
↓筆者の意見が紛れ込んでいる言葉はないか
↓偏見、先入観などのバイアスはかかっていないか
文章には事実の記載と並んで、筆者（あるいは社）の意見が入っている。なぜならこの社説は一種の意見型小論文の形式を取っているからである。

・筆者は内容に対してどのような立場を取っているか
↓取り上げられた内容を筆者は評価しているか
筆者（あるいは社）は、文科省と関係各団体との協議の結果、至った結論を必ずしも評価していない。

「2週間では十分な救済策とは言えない」（七、八行目）
「～やむを得ないとみるべきだろう」（十行目）
「大学側は前向きに応じて欲しい。「日程も範囲も例年通り」で済ませることはできない」（十四、十五行目）
「～細やかな対処が求められよう」（二十二行目）
「～無理をさせないことも大切だ」（二十三、二十四行目）

・記事（文章）の中心的ポイントは何か
新型コロナウイルス禍において問題となった大学入試日程について、ほぼ従来通りの日程での実施が決着したことについて。
・筆者は読者に何を求めるのか・筆者は読者に何を教えようとするのか
筆者は、決着した事実を読者に伝えるのと同時に、その内容に潜む問題を指摘し、その点について読者に考える機会を与えている。
・読者自身は、扱われた問題についてどのように考えるか
↓今回の決着について読者自身は納得できるか・できる（できない）ならそれはなぜか
↓読者自身はどのような決着が望ましいと考えるか
↓現状で、受験生達にとって最も有効な入試日程はどのようなものか
↓現状に捉われずに受験生の視点から考えたとき、最も望ましい入試日程はどのようなものか
（記事内容について、必要な観点から考察したあとは、読者自身がその問題についてどのように考えるか、事実やデータに即して、意見を述べることになる）。

こうした社会問題を扱った説明的文章のクリティカル・リーディングは、欧米では母語教育の中でよりもむしろ歴史や社会学（現代社会）、哲学などの授業で実施されるのが一般的である。例えば筆者が西ドイツの高校二年生の歴史の試験で経験したのは、「ドイツ帝国にとっての独ソ不可侵条約のメリットとデメリットを考察せよ」というものだった。この時批判的、分析的考察の対象として持ち込みを許可されたのは教科書として配布されていた『ナチス・ドキュメント』(注9)で、同書の必要箇所にあたりながら、メリット、並びにデメリット双方について考察し、必要箇所を引用しつつ小論文形式で記述するのが課せられた作業だった。無論このような試験がいきなり実施されたわけではなく、それまでの時間を使って、歴史の教科書、記録文書、ナチス自体が制作したプロパガンダ、その他様々な資料を読み込んで議論をし、その結果として出されたのが右の試験の課題だった。

5　テクスト分析の応用

テクストを分析的、批判、あるいは批評的に読む技能は、社会生活における様々な分野や状況で非常に役立つものである。図6－4「テクスト分析の応用例」は、その応用範囲の例を「文学作品」と「説明的文章」とに分割して提示したものである。図はほんの一例に過ぎないものの、それだけでも文章の分析的、批判的な読みのスキルが生涯にわたりどのように役立つかの参考にはなるはずである。

図6-4 テクスト分析の応用例

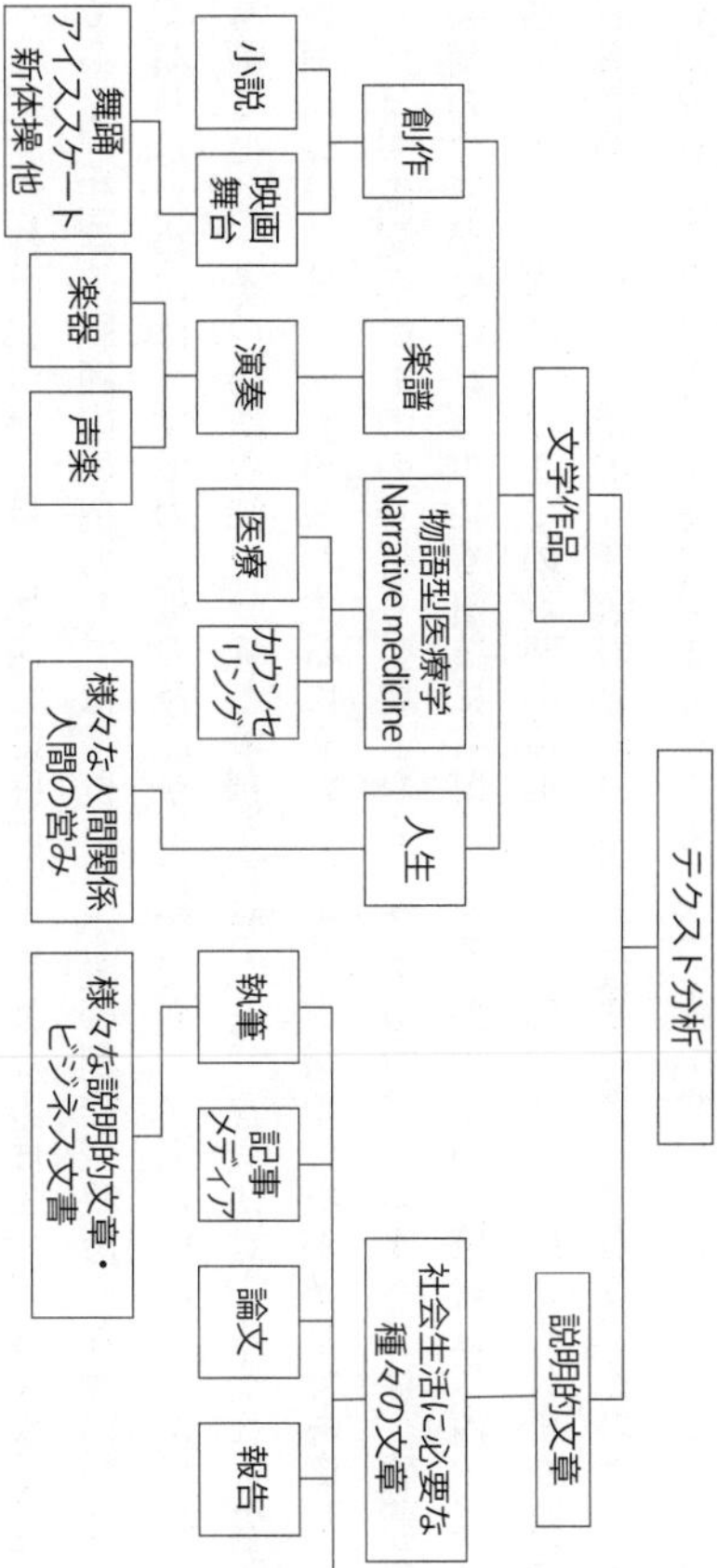

まず文学作品については、想像の範囲内から意外な方面まで、様々な分野での応用が可能である。想像の範囲内の例としては、例えば小説の創作、映画や舞台の制作、さらにはそこで演じるためには、文学の分析の技能が不可欠である。あるいはバレエにおいて物語的作品を踊るには、その物語の深い分析と解釈が必要な上、音楽に対するそれも欠かせない。この音楽については、楽器を演奏するにも歌うにも、楽譜の分析が必須であるし、特に後者については、歌詞そのものの分析も必要となる。この分野に入るオペラは、物語そのものの分析、楽譜の分析がなければ声にも演技にも繋げることが難しい。筆者は、西ドイツで普通高校に通学していた当時、そこでの音楽の授業で当たり前のように楽譜の分析を経験した。これは演奏者のみならず、聴衆も音楽の分析の知識と技能を持っており、そのような人々が演奏会に足を運ぶことを意味する。詰まるところ、文学作品の分析は、それを受け取って解釈するという受動的意味合いのみならず、それを表現するという能動的意味合いでも欠くことができないのである。

また、意外なところでは、医療分野でも文学の分析が注目されている。「物語型医療学(Narrative medicine ナラティブ・メディスン)」(注10)とは、医師が病気を一つの物語として捉えて受け取り、解釈し、その情緒的な物語的世界を患者と共有しつつ治療に当たろうとする試みである。ところがこの方法を真の意味で理解するには、文学作品の分析の積み上げが不可欠であり、例えばナラティブ・メディスンの実践が進むアメリカの医師達は、最低でも高校までの十二年間、文学と向き合い、それをクリティカル・リーディングし、そして文学的課題に対して小論文を記述してきた経験を持つ。教育現場でそれを経験する機会のなかった日本の医師達がその水準に達するには、まずは医療を脇に置き、文学作品の分析から着手する必要があるだろう。

さらに、意外に気づかないのが、文学作品の分析が様々な人間関係や営みについて気づくきっかけ、あるいは登場人物達の人生を疑似体験する機会に繋がるという点である。実は文学作品の分析において最も重要なのがこの点であるかもしれない。なぜなら、一人の人間の人生は限られており、その生において経験できること、感じられることは制約されている。しかし、物語を通せば、時や場所を超えて、人間は様々な人生を考察し、共感し、疑似体験できる。そしてそうして得た体験を自分自身の人生に反映させることも可能になる。その意味で、文学作品を大量に読み、そして真摯にその描き出された状況や登場人物の行為、感情などを論理的に、分析的に解釈し、批判的に検討することは、人生を生きる上で極めて重要なのである。

一方で、説明的文章を分析的、批判的に読むスキルは、社会生活に必要な様々な種類の文章を理解し、情報を鵜呑みにせずに対応するためになくてはならない技能である。日本でもこれは、メディアリテラシー、情報リテラシーなどと呼ばれ、近年注目されるようにはなっている。この技能を持たずに社会に溢れかえる情報に対峙すると、それに惑わされ、間違った理解をし、自身を窮地に陥れることになるかもしれない。また、こうした文章の分析と解釈、批判の能力は、そのような文章を自ら執筆するときにも機能する。なぜならそれは、推《すい》敲《こう》時に自らの文章を吟味する能力に繋がるからである。実際に、言語技術実施国では、中高生くらいにもなると、級友と課題の小論文を交換し、互いに添削し合い、修正してから教員に提出することを求められるようにもなる。これはピア・スタディ（Peer study）、あるいはピア・ラーニング（Peer learning）と呼ばれる教育方法である。

日本の教育現場では、説明的文章に重点が置かれ、文学作品は軽視される傾向が続いている。これは文学作品が鑑賞の対象に過ぎないとの誤解から生じたものであろう。しかしながら、実は後者には、図6－4に示したほんの一例を取ってみても実に様々な応用力がある。教育に文学を復権させ、社会の様々な需要に応えるためにも、まずはそれを読み解くための方法論の確立、これが日本の教育現場には必要不可欠である。

引用

（1）太宰治『走れメロス』（新潮文庫）１９６９、２１７頁
（2）Gymnasium Bayern, *Deutschbuch 7, Sprach-und Lesebuch*, Cornelsen, 2005, p.227.
（3）Barbara Minto, *The Pyramid Principle: Logic in Writing and Thinking*", 3rd. ed, Pearson, 1987, p.22.
（筆者の翻訳による引用）
（4）同右
（5）同右
（6）同右
（7）フリー百科事典ウィキペディア（Wikipedia）

注

（1）Friedrich Schiller, "Die Büergschaft", *Deutschbuch 7, Sprach-und Lesebuch*, Cornelsen, 2005, pp.224–227, .
（2）https://news.stanford.edu/2005/06/14/jobs-061505/
（3）『三びきのこぶた』瀬田貞二訳、山田三郎絵（福音館書店）１９６７
（4）ジョン・レスカ文、レイン・スミス絵『三びきのコブタのほんとうの話』いくしままさちこ訳（岩波書店）１９９１

（5）Marie Luise Kaschnitz, "Ein ruhiges Haus", *Steht noch dahin*, Insel Verlag, 1995.
（6）Peter Bichsel, "Son Salvador", *Eigentlich möchte Frau Blum den Milchmann kennenlernen*, Suhrkamp Verlag, 1996.
（7）ミヒャエル・エンデ『モモ』大島かおり訳（岩波書店）１９７６
（8）『朝日新聞』２０２０年6月20日朝刊
（9）ワルター・ホーファー『ナチス・ドキュメント』救仁郷繁訳（ぺりかん社）１９８２
（10）Rita Charon, *Narrative Medicine: Honoring the Stories of Illness*, Oxford University Press, 2006.

参考文献

リサ・サンダース『患者はだれでも物語る——医学の謎と診断の妙味』松村理司監修、塚本明子訳（ゆみる出版）２０１２

第7章

漫画の分析
―高度な分析力で人生が変わる―

1　素晴らしい教材

深く考えずに通り過ぎてきた映像や文字を分析的に捉え、それらについて様々に考察できるようになると、大げさに言えば人生が変わる。なぜなら、ふと目にとめたものとの濃密なコミュニケーションが可能となり、些細《ささい》な事柄にすら意味が見いだせるようになるからである。このようなクリティカル・リーディングを幼児期から実施するには絵本が最適である。絵本を真の意味で読みこなすには、拙著『絵本で育てる情報分析力』(注1)で詳しく述べたように、絵とテクストの分析力が不可欠だからである。

ところで日本において非常に良い教材となるのが、優れた作品を数多く輩出している漫画である。絵とテクストから成立しながら、絵本と比較して絵と言葉の情報量が多く、物語がコマ割りで進行していく動画を静止させたような趣のある漫画は、状況や人物の行動、その表情や台詞から様々に分析的な解釈ができる素晴らしい題材である。

2　漫画を分析する意義

漫画*は言うまでもなく、絵と台詞（吹き出し）、そしてコマから成り立っており、その意味で、一枚の絵とも絵本**とも異なるし、小説や演劇、動画とも異なり、戯曲の台本にコマ割りの絵が加えられたような存在である。漫画では、一つ一つの表情や動作が静止状態にあるため、読み手は頭の中で登場人物達を動かしながら内容を理解しなければならないし、コマとコマとの間に時間的断絶があるので、描かれた絵と書かれた台詞からコマとコマの隙間を埋める必要もある。また、漫画には音声がないため、登場人物達のその時々の声や調子、あるいは間合いも読み手の解釈に委ねられる。その一方で、漫画には主人公の心の内の考えや感情を表現した言葉が書かれている場合が多く、声に出された台詞と心の内の台詞とを行ったり来たりしながら読むことができる。さらには登場人物達の感情が絵によって語られることが多いため、そこを分析的に読まない限り、人物達の細やかな感情を十分に酌み取れないことにもなる。このようにして改めて漫画がどのようなものかを考えてみると、本当の意味でそれを読んで解釈するには、実は高度な分析力が必要なことは明らかである。

＊ここでの漫画は、「サザエさん」「スヌーピー」のようないわゆるコマ漫画を指していない。
＊＊絵本の中には、『ゆきだるま』（レイモンド・ブリッグズ、評論社）や、『どうして?』（リンジー・キャンプ作、トニー・ロス絵、徳間書店）のように、コマ割りで成り立っているものもある。特に後者は吹き出しに台詞が入っており、漫画に近い形式で制作されている。しかし、これらは絵本としては一般的ではない。

3　「パーフェクトワールド」の分析的解釈

クリティカル・リーディングの対象となる奥行きのある漫画として筆者が好むのは、萩尾望都の「半神」(注2)、「イグアナの娘」(注3)、井上雄彦の「リアル」(注4)などであるが、最近しばしば用いているのが有賀リエの「パーフェクトワールド」(注5)である。同作品の一部を扱い、実際に中学三年生と高校生の男女の生徒達と行った議論をここには掲載する。彼らは、絵本や絵画を用いた絵の分析に長けており、また主に超短編小説のクリティカル・リーディングを積み上げてきた生徒達である。参加者はいずれも同作を読んだことはなく、筆者は彼らに同作第三巻の最終部分十頁以外を読まないように指示した。従って彼らは、予備知識を

(©有賀リエ／講談社)

持たないままその部分からのみ物語を読み解く作業に挑んだ。

①題名

三森　「パーフェクトワールド」という題名から、どのような物語だと推察する？

生徒　完璧な世界。落ち度のない世界。欠陥のない状況。ある事柄が完結している状況。

三森　今みんなが読んだ部分と題名とは一致している？

生徒　観覧車を一つの世界と捉えれば、その意味ではそこは「完全な世界」と言える。

(©有賀リエ／講談社)

三森　この部分からだけでは、何が「パーフェクト」なのか不明。もしかしたら、登場人物の二人が別離することにより、「完全」が壊れることを語ろうとしている物語？

三森　確かに現在十一巻出版されている中の第三巻、しかもそのうちの十頁からだけでは題名の意味を把握するのは困難ですね。では、この部分に絞って分析していきましょう。

②設定

三森　季節はいつ？

生徒　春。三月か四月の初め。その理由は、「桜」と書いてあり、さらにその桜

(©有賀リエ／講談社)

が開いている様子が描かれているから。また、登場人物達が長袖の上着を重ねて着ているから。春だけどまだ気温は低い。桜の上に雪が積もっているし、「雪桜」の記述もある。

三森　どのような天気？

生徒　晴れているように見える。外の景色がはっきり描かれているから。でももしかしたら直前まで雪が降っていたのかもしれない。桜の上に雪が積もっているから。

三森　時間はいつ？

生徒　夜。夕暮れ。窓の外が薄暗いから。

三森　この時間の設定と状況の設定に違和

(©有賀リエ／講談社)

感はある？

生徒　別離に夜という時間設定はふさわしいと思う。「観覧車がのぼっていく」という記述と陽が落ちた「夜」が矛盾しているように思う。「のぼる」は「陽が昇る」を連想させるので、この矛盾が気になる。別離が夜と矛盾しないので、観覧車が降りていくことと陽が落ちた夜、それと別れを重ね合わせるために夜の設定にしたのかも。

三森　どんな場所？

生徒　遊園地？　公園などに観覧車だけがあるような場所？　「観覧車がのぼ

(©有賀リエ／講談社)

っていく」の記述があるし、実際に登場人物の二人が観覧車の中に座っているから。

③登場人物

三森　登場人物はどのような人達？

生徒　障害を持ち、歩けない若い男性。車椅子が描かれているし、「車イスから降りて」という記述があるから。若い女性。二人が若いと言えるのは、身体が細いことと、顔に皺がないこと。

三森　二人はどのような関係？

生徒　恋人同士。二人は肩を寄せ合って座り、手を繋いだり、抱き合ったりしている。

二人は高校時代からの知り合い。男性が詰め襟の制服を着ているから（参加した生徒達の経験上、詰め襟は高校生の制服）。同級生かもしれない。制服姿の二人が並んで歩く様子が描かれているから。

でも、二人はずっと付き合っていたわけではない。男性が「川奈と再会できたら」と言っているから。つまり、再会するまでは二人の間が途切れていたことを意味する。

あと、高校時代には男性は歩けていた。そのため、男性が障害を負ったのはそれ以降の年齢ということになる。事故か何かにあったのかな？　男性は、自分自身の身体について「悔しい」と繰り返しているし、「戻りてーな　あの頃に」と言っているので、車椅子生活になったことを悔やんでいるように感じる。

三森　二人はどのような気分だと思う？　まず、最初の頁から考えてみよう。

生徒　女性については、少なくともこの頁では二人でいることを楽しんでいるし、二人の関係がずっと続くと考えている。ここでは女性の口角が上がり、目を細めて笑っているし、顔も紅潮している。なぜかというと、頬の部分に複数の細い短い線が入っているから。さらに「また来ようね　来年も桜の季節に」と、二人の関係が続くことに彼女は疑いを持っていない。

男性は、恐らく別れようとしている。最初の頁の男性の顔に笑顔がない。彼女が、来年の話をしたとき、男性の顔が影に覆われている。また、「戻りてーな　あの頃に」とつぶやく男性は、後方からしか描かれていない。男性が女性から離れようとしていることを示唆しているように思える。

男性が「川奈　今日はありがと　俺の一生の思い出だ」と言うコマで、二人の後ろ姿が描かれているのも気になる。前向きという気がしない。心が後ろに向いているように感じる。

④内容

三森　「この観覧車が地上に降りるまでは私達の間から障害は消える」とは、誰の考えで、どのような意味を持っていると考えられる?

生徒　「私達」とあるので、これは女性の考え。また、その文の意味は、観覧車の中では立ち歩く必要がなく、座らなければならないので、その意味で二人に差異がないということではないか。

ここに車椅子が描かれていないことが引っかかる。「車椅子」が二人の間の大きな障壁で、観覧車の中という世界では、それを考える必要がないことを示唆しているのかな。

三森　逆に言えば、一歩外に出れば、障害がつきまとうことを意味しているのかも。

生徒　彼はなぜ彼女に別れを告げたのか？　彼は彼女と別れたいのか？

彼が彼女に別れを告げたのは、障害が理由。「あの頃の身体のままで　もう一度川奈と再会できたら」の台詞を男性が言ったとき、車椅子が描かれていて、しかもそれは男性の手前に置かれている。つまり、情報の大きさで考えると、遠近感の関係で車椅子が一番大きい。これは、二人の別れの本質的な理由として障害があることを意味するのではないか。

彼は本心では彼女と別れたくない。彼が涙を流しているし、彼女を強く抱きしめているから。そして、自分の身体のせいで、彼女を傷つけ、不幸にしていると述べる一方で、自分の身体の状態を悔しがり、嘆いているから。

彼は自分の存在が彼女を苦しめていると考え、別れを選択した。それは彼の最後の台詞「川奈の人生を大切にしてくれ」に表れている。

三森　彼女は彼からの別れの言葉を予期していたか？

生徒　全くしていない。最初の頁で彼女は楽しそうに笑ったり、話したりしているし、顔には影が差していない。彼が「あの頃の身体のままで」と言ったところで、彼女の顔に影が重ねられ、彼女の不安が表れている。彼女は彼の言葉に、目を見開いて驚いている。

三森　彼女はなぜ彼から別れが切り出されたと考えているか？

生徒　「彼を一番苦しめてるのは　私だ」とあるように、彼女は自分こそが彼を苦しめていて、彼を追い詰めたのが自分だと考えている。「雪桜」が象徴的に二人の関係を表している。雪、とりわけ春の雪は少ししか降らないから軽いけど、それが少しずつ花や枝の上に積もっていくと、桜は雪を支えきれなくなる。彼女は、まさにその雪のように「彼に重くのしかかり」、「枝を折るほどに」彼の心を折ったと考えている。もっと単純に言えば、健常者の彼女は障害者の彼の気持ちを十分に理解しきれなかったことが別れの原因だと捉えているのではないか。それで彼女は、「どうすれば彼の支えになれるのか　彼の痛みをいやせるのか　彼の苦しみを分かち合えるのか　だけどそんなこと　私にできるわけなかった」と考えているのだと思う。

三森　彼が、「俺は川奈のこと本当に大切に想ってる」と言う場面に、車椅子があるのとないのとでは、彼の言葉の重みに違いはあるか？　作者はなぜそこに車椅子を描いたと思うか？

生徒　車椅子が描かれることにより、二人の別離の真の理由が障害であることが強調されているように思える。

車椅子の存在により、別れの原因が障害であることが強調されるのではないか。車椅子が描かれていないと、二人の別れの原因は必ずしも障害ではないかもしれないように受け取れる。

さっきも言ったように、車椅子が絵の一番手前に描かれている。しかもその車輪の中心と、男性の両足に光が当たっているように描かれているのが気になる。これはやはり、車椅子と動かない足が原因で二人が別れることを暗に示しているのではないか。暗喩、というのかな？

⑤象徴

三森　桜は一般的にどのようなイメージと結びつくか？

生徒　美しさ、華やかさ、はかなさ……。

三森　入学式、入社式、始まりの季節、出会いの季節、暖かい穏やかな季節、うららかな春。

生徒　別離と桜は結びつくか？　別離の場面に桜が設定されたことにどのような印象を持つか？

三森　楽しくうららかな始まりの季節を象徴する桜に、哀しい別離の場面が置かれることにより、別れの辛さが強調されているような気がする。

生徒　試験などに落ちることを「桜散る」と言う。桜は咲いてもすぐに散るので、別れと結びつくのではないか。

三森　なぜ作者は、雪桜を描いたと思うか？　そこにはどのような効果があると考えるか？

生徒　桜が咲く季節に雪が降ることは滅多にないことを表す。別離が二人にとって「異常」な状況であることを暗示している。

雪の重みで枝が折れるように、二人の関係のもろさを暗示するため。

桜の咲く「暖かく華やかな季節」と雪の「寒さと冷たさ」という対照的なものを示すことにより、別れの辛さを強調するため。

三森　桜は、美しい花を咲かせるけれどすぐに散るし、春の雪はすぐに溶けて消えるので、どちらも命の短さを象徴し、二人の関係の短さ、もろさ、はかなさを暗示している。

生徒　観覧車（Ferris wheel, Big wheel）と車椅子（Wheelchair）には共通点はあるか？

三森　どちらも道具、一種の機械。観覧車は円形の車輪の形状をしているし、車椅子は円形の車輪によって動く椅子。どちらにも人が乗る。

生徒　両者にはどのような相違点があるか？

三森　観覧車は娯楽用の道具。車椅子は歩行に障害を負った人が移動のために利用する道具。

観覧車は車輪が一つ、車椅子は車輪が二つ。

観覧車には人が乗る箱がつき、四～数十人の人が乗れる。車椅子には基本的に一人しか乗れない。

観覧車は動力で回転する。車椅子には電動と手動がある。作品に登場するのは後者。

観覧車は大きく、乗ると周辺の景色が一望できる。

車椅子は座って利用するため、座ると視線が低くなり、視界が限定される。
観覧車は、一周すると降りるもの。車椅子は、必要ある限り乗り続けるもの。

三森　作者はなぜ別離の道具として観覧車を用いたと思うか？

生徒　観覧車は一回転するまで乗車した箱の中から動けない、つまりそこに閉じ込められる。車椅子は自由意志で乗り降りできるが、歩けない場合は移動のためには車椅子が必要であり、一度利用が始まると、ある意味そこに閉じ込められる。

二人の世界が「車」を介して成立することを暗喩するため。
二人の世界が「車」を介して完成することを暗喩するため。
二人の世界が「車」によって自由を得ていることを暗喩するため。
二人の世界が「車」に制約を受けていることを暗喩するため。
二人の世界が他者の助けなくしては「回転」しないことを暗喩するため。

三森　なぜ作者は別離の場面に観覧車を選択したと思うか？

生徒　将来ある若い男女でありながら二人の未来を思い描けないことを、遠くまで展望のきく観覧車の中にいながら、そこに閉じ込められて身動きできない状況と重ね合わせるため。

楽しむために観覧車に乗るときの気分の華やぎを別離の辛さと対比することにより、両者の相違を際立たせるため。
閉鎖空間として、一つの完全な世界であることを示すため。

この生徒達との議論は、最後に自分達に問題を引きつけて考えるところに辿り着いた。車椅子での生活について考えたことがあるか、障害のある人との付き合いや結婚を想定できるか、障害のある人に対し自分の心の中にどのような感情があるか、そしてむろん読んだ部分についての率直で感情的な感想などについて、彼らは真剣に考え、時間が経つのを忘れるほどの白熱した話し合いとなった。医学部志望の高校生には、患者や家族の心を知るために、全巻読んでみるようにと筆者から勧めもした。

描かれた状況についての解釈は、原作者の意図するところとはむろん異なるかもしれない。登場人物達の座席の脇に車椅子が描かれていたり、いなかったりするのも、本来は単に空間的な問題であったのかもしれない。しかしながら、ここに参加した生徒達は、イラストレーションや絵画、あるいは絵本や別の漫画の分析の経験の中で、画面に置かれたものには意味があるはずだし、あるべきものがなければそこにも意味があるはずであることを分析的に考察してきた経験を持つ。このような彼らにとって、筆者の質問は特に奇異なものではなく、考えてみる価値のあるものと認識されたため、即座に彼らなりの考えが返ってきたのである。
この議論において、筆者は単なる進行役に過ぎない。ほんの少し彼らの気づきに繋がりそうな問いを振るだけで、彼らはたちまち対象をさらに詳細に観察し、分析的に捉えようと試みた。またその答えも、筆者の質問以上の内容を含むものであった。参加者の中にいた演劇部に所属する男子生徒からは、実際にどのような声の高さや速度で話すのか、コマとコマとの間でどのような間を取るのか、頭の中で人物達を動かしながら考えていた、という声もあった。

注
(1) 三森ゆりか『絵本で育てる情報分析力』(一声社) 2002
(2) 萩尾望都『半神』(小学館) 1985
(3) 萩尾望都『イグアナの娘』(小学館) 1994
(4) 井上雄彦『リアル』(集英社) 2001~刊行中
(5) 有賀リエ『パーフェクトワールド』第3巻(講談社) 2016

終章　対話に戻る

―さらに多彩な活用方法へ―

1　最後にもう一度問答ゲームを取り上げる意味

多くの人間が共に暮らす社会で欠かせないのが、他人とコミュニケーションを取りながら毎日の生活を組み立てていくことである。この時、そのコミュニケーションの基本となるのが第2章で扱った問答ゲームである。この対話の手法を様々な社会での生活状況に応用することが可能になれば、日々が格段と暮らしやすくなるだろう。但し、それはそれだけでは単なる訓練に終わる可能性がある。他の章で具体的に提示してきた空間配列や物語の構造などと組み合わせるとさらに多彩な活用方法へと繋がり、本当の意味で問答ゲームが機能するようになるに違いない。

2　問答ゲームと他の手法を組み合わせて用いる例

(1)　問答ゲームと空間配列の組み合わせ

第3章で扱った「空間配列」の手法を、問答ゲームの際に質問者が具体的に組み合わせる

図8－1　空間配列に基づく問答ゲームの組み立て例

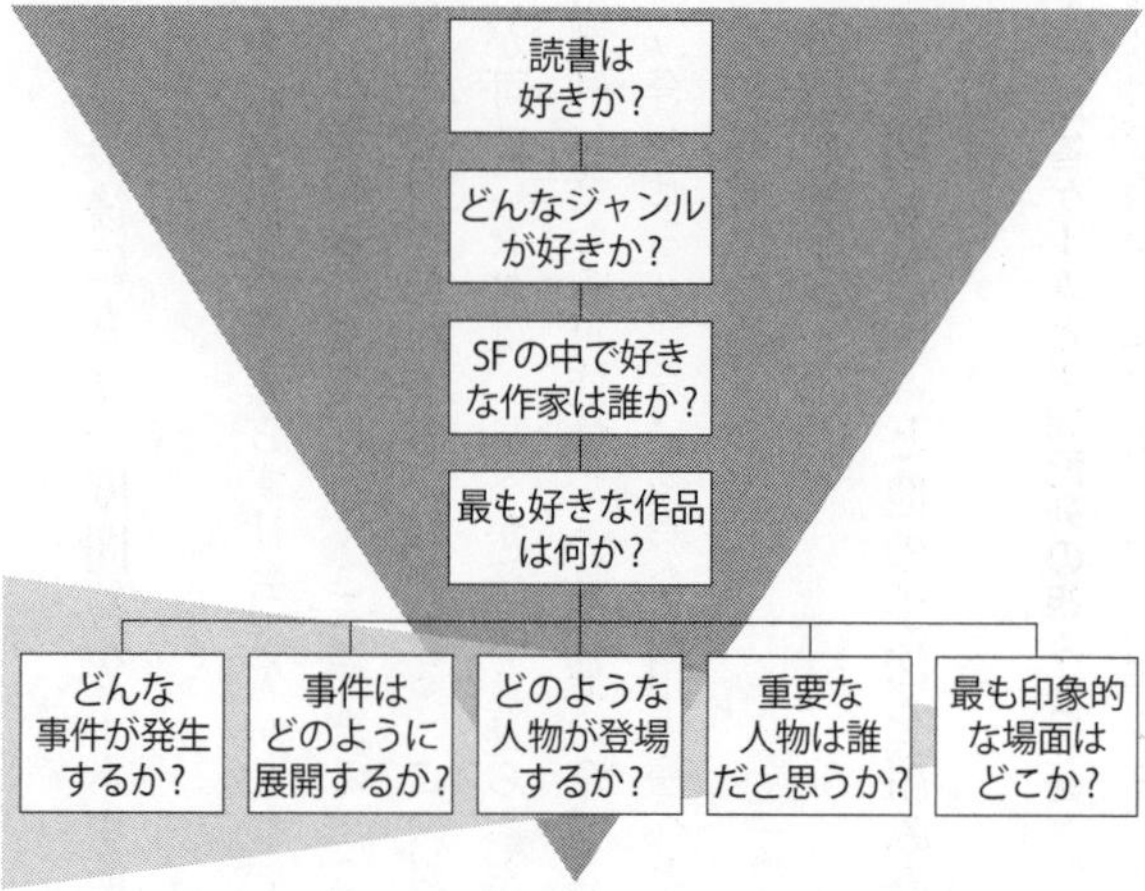

ことができると、非常に組み立てのすっきりした対話が成立するようになる。理想的なのは、質問者と返答者の双方が結論先行型の組み立てと空間配列の考え方を共有していることである。しかしながら、質問者がその手法を知っているだけでも混乱の発生頻度は低くなり、対話が進めやすくなる。

図8－1「空間配列に基づく問答ゲームの組み立て例」は、読書が好きかどうかについての対話の展開例である。まず、読書そのものが好きかどうかを問い、それに対して肯定的な答えが返ってくれれば、ジャンルを絞る発問をし、それが絞れたらその中で好きな作家を問い、さらにその作家の好きな作品を問う。続いて、その作品についての具体的な発問を

する。この部分については、様々なアプローチが成立しうるが、この例で示したのは、まずあらすじについて聞き、そこに登場する人物について聞いた後に、印象的な場面について問う、という流れとした。最後の質問については、あらすじと人物とが明らかになっていないと、説明がしにくいからである。

問答ゲームと空間配列の手法を相手と共有していれば、最初の問いが立てられた直後に、相手は好きなジャンルを挙げ、作家を絞り込み、さらに作品を特定した上で、どんな内容かについても進めることができるであろう。すると質問者側のすべきことは、さらに作品の深部に関わる質問や、その作品に対する発話者の解釈、あるいは批評などについての問いを立てることとなる。

(2) 問答ゲームと物語の組み合わせ

人間の日常は、実は時系列で語られる物語によって成り立っており、その例を挙げると切りがない。

- 起床から就寝するまでに起こったこと

・幼児の我が子が幼稚園で経験した出来事
・自分で読んだ、あるいは読み聞かせてもらった物語の内容
・自分の身に降りかかった問題や事件
・スポーツの祭典や音楽の発表の場での出来事
・病気が発症するまでの経緯
・友人との人間関係のもつれ
・自分の生活におけるある失敗の経緯
・任された仕事が成功（失敗）に至った経緯
・事故の原因から発生、その対応までの経緯
・子どもの誕生から結婚までの経緯
・自分自身の誕生から現在までの人生

これらは全て一種の物語で、話者自身が物語の組み立てを理解していれば、それに則ってある事柄の時間的経過を、時に面白おかしく、劇的に語ることもできれば、あるいは、うまくそれができない相手に対しては、質問者が物語のテクニックを首尾よく利用しながら相手

図8-2　物語の構造を利用した問答ゲームの例【仕事】

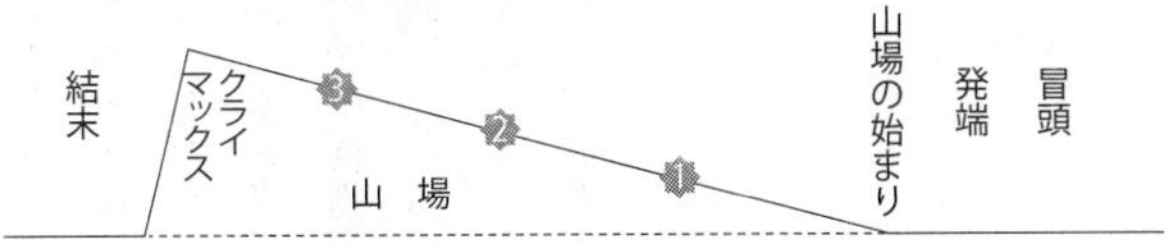

いつのこと？　どこのこと？
主にそこに関わるのは誰？
どんな問題（敵）が発生したか？
その問題に対処するため、具体的に
どのような対策を取ることにしたか？

第一段階は、どのような経過となったか？
処理できたのは何か？
どのような問題が残ったか？

第二段階は、どのような経過となったか？
処理できたのは何か？
どのような問題が残ったか？

第三段階は、どのような経過となったか？
処理できたのは何か？
どのような問題が残ったか？

問題（敵）は全て処理できたか？

結果としてどのような状況となったか？

図8-3　物語の構造を利用した問答ゲームの例【生活】

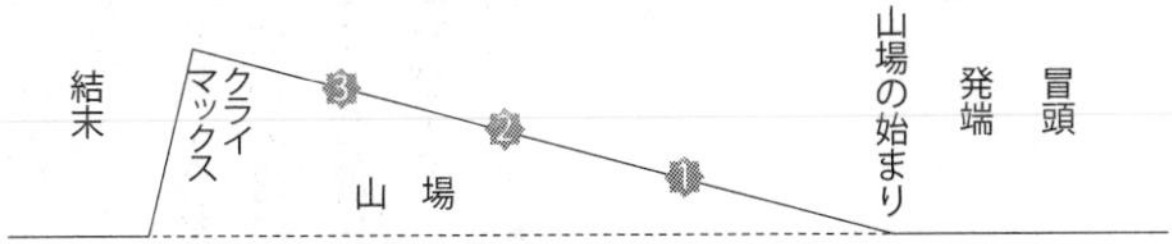

いつのこと？　どこで起こったこと？
誰に起こった問題？
最初に何が起きた？
その時どのような様子だった？
最初にそれに気づいたのは誰？
その時、あなたはどんな気持ちだった？
あなたはそれをどうしようと思った？

最初に誰かに相談した？
その時、その問題（状況）はどんな様子だった？
その人にはどうすれば良いと言われた？
その時のあなたはどのような気持ちだった？
自分ではその対応は正しいと思った？
その後どうなった？
それに気づいたのはいつ？　誰が気づいた？
それはどんな様子になった？　最初と同じ？
それとも変化が現れた？　どんな？
あなたの気持ちに変化はあった？　どんな？
その後何か変わったことはあった？　それはいつ？
どうしてそれに気づいた？
それはどんな変化だった？
あなたの気持ちに変化はあった？　どんな？
それは今どのような様子？
あなたは今どのように感じている？
誰か一緒に考えてくれる人はいる？
あなたが一番したいことは？

〔物語の結末には、最終的な結論が出ないと至れない〕

から情報を聞き出すこともできる。例えば、ある問題について物語の構造を用いて問答ゲームを行うと図８－２、図８－３のような展開となる。

こうしたやり取りが、日常生活の中や仕事の現場で頻繁に行われていることは間違いない。但し、組み立てについての自覚の有無は、その問いの質に差を生じさせる。とりわけこうした物語の構造を利用した問答は、小さな子どもや、状況に混乱している人々に対しては大きな助けとなる。時系列で自らの中にある物語が整理され、問いに促されて語りやすくなるからである。そして、問われる側の物語が時系列に従って整理されれば、それは聞き手にとっても対応を考える上で助けになるに違いない。

おわりに

筆者が長年夢見てきたのは、日本の母語教育の内容と質を改革し、世界のどこの国にも引けを取らない議論や記述のできる日本人を育てることである。そのための手段として、トップダウンかボトムアップかが、筆者にとっての長年の葛藤だった。つまり大学にアプローチして、言語技術の指導者育成の機会を得るのか、あるいは義務教育にアプローチして実際に子ども達に直接教えるのか、ということである。結果として、大学の教員養成課程に言語技術を導入する機会は得られず、代わりに幼稚園、小学校、中学校などで子ども、並びに指導する教員を育成する機会は得ることができた。

このように試行錯誤しながら言語技術教育に関わっているうちに、二〇〇三年に筆者の著した書籍『論理的に考える力を引き出す』(一声社)にいち早く反応して下さったのが公益財団法人日本サッカー協会の現会長・田嶋幸三氏である。ドイツのケルンスポーツ大学に留学し、サッカーの指導者養成について学んだ氏は、言語技術を「情報を取り出し解釈し、自分の考えを論理的に組み立て、判断し、伝える力」と理解し、それを「習得すれば、チーム内で的確なコミュニケーションが成立」すると捉えている。しかもサッカーでは「刻々と変化する状況を素早く分析し、対処を考えることが求められる」ため、「論理的な思考を持つことが良いプレーをする条件」(『中央公論』二〇一九年十二月号)であると氏は言い切る。このような氏の考えに基づき、筆者の組み立てた日本人対象の言語技術教育は、広くスポーツ分野に知られるようになり、それが企業での関心を引く結果に繋がった。というのも、早稲田大学で行われた田嶋氏の講演の中で言及された「言語技術」に敏感に反応し、自らの有能なフランス育ちの上司と繋がる何かがあるのではないかと感覚的に察知したのは、大手銀行の当時の新人教育担当者だったからである。

現在、言語技術の指導は、一部の私立の幼稚園と小中学校が教科として導入し、高校と大学を飛び越して企業が関心を持つ状況となっている。教育現場への言語技術の浸透が未だに牛歩の様を呈している理由は、そこに所属する人々が社会の流れ、すなわちグローバル化にほど遠いところで業務に携わっていることが原因である。学校で教員が向き合う対象は、児童であり生徒である。教員は彼らと駆け引きの必要な交渉をする必要もなければ、資金の用途を巡っての議論をする必要もない。また使用言語は基本的に日本語で、その外国語への応用を考えることにも無縁である。こうなると彼らが従来通りの「国語」に問題意識を持つ必要はなく、とりわけ教科の専門性が問われる高校や大学では伝統的な母語教育への固執が生まれる。この状況が改善され、学校教育の中にあまねく言語技術が浸透するために最も必要なのは、恐らく社会の需要であろう。どんなにボトムアップという形で幼稚園、小学校、中学校での教育を重ねても、その先の高校や大学で指導が実施されなければ、真の意味で日本の母語教育の改善はない。

教育現場内部からの変革が難しいならば、この固い扉をこじ開けることができるのは、恐らく企業をはじめとする社会の需要である。例えば、学生の書いた就職活動のエントリーシートに「言語技術」の記載があれば、それを面接時に確認し、そうした学生の能力を評価する企業が増加すればどうなるだろうか？　筆者は教え子達に、就職活動では積極的に「言語技術」という概念を提示し、その効果のほどを相手が実感できるようにエントリーシートを記述したり、面接に対応したりするよう推奨している。もし、こうした学生達に企業が反応するようになれば、社会への出口である大学は、企業の反応に敏感にならざるを得ず、それによって大学教育が変わることに繋がりはしないだろうか？　小学校から高校までの教育が変わるのは恐らくこの国では最後であろう。その意味で、今回、社会人対象の本書で言語技術の概要と、表面的とはいえその具体的メソッドを扱うことができたことは、もしかしたら母語教育の改革に最も有効な手段なのかもしれない。

言語技術の指導内容を一冊の新書版にまとめる作業は、実は大変困難だった。というのも、言語技術は言語教育の体系であり、基本的には幼児から高校卒業まで十二年以上もの歳月をかけ、地道に繰り返し訓練するものだからである。しかしながら、この一冊が母語力の高い学生を求める企業の興味を刺激し、教育の変革に少しでも繋がるきっかけになれば、筆者としてこれほど嬉しいことはない。日本の母語教育が国際基準に改革され、それに伴い全教科の指導が国際標準になる日が一日も早く訪れることを、筆者は心から願っている。

二〇二一年一月

三森（馬淵）ゆりか

謝辞

末筆ながら、次の方々に心からの御礼を申し上げます。

- 筆者にスポーツ界での活動の機会を与えて下さった公益財団法人日本サッカー協会会長・田嶋幸三様
- 執筆にあたり筆者のアンケート依頼に快く応じて下さった東日本旅客鉄道株式会社の宗形則彦様
- 就職活動の状況や実際の業務での言語技術の有効性を報告してくれた元生徒の安田良太様
- 言語技術に興味を示し、筆者に研修の依頼をして下さった企業や教育現場の皆様
- 社会人となり日々の業務における言語技術の有効性を報告してくれた元生徒の皆様
- 幼稚園から大学院生まで、各段階で筆者に学びの機会を与えてくれた教え子の皆様
- 『パーフェクトワールド』作者・有賀リエ様
- 小説の翻訳の確認をして下さった大学時代からの友人で現在ベルリン日独センター（語学センター部長）に勤務しながらフリーランサー会議通訳者として活躍する関川富士子様
- 遅筆な筆者の執筆を長い間辛抱強く待って下さった中央公論新社の黒田剛史様

・緻密、かつ的確な助言を下さりつつ編集をして下さった中央公論新社の兼桝綾様
・丁寧な校閲をして下さった大塚純子様、橋爪史芳様
・留学先や業務上で言語技術の有効性を具体的に報告してくれた三人の息子達、崇利、宏昭、尚武
・理系の研究における母語教育の必然性についての報告をはじめ様々な支援をしてくれた土砂災害を専門とする研究者の夫・三森利昭
・筆者に西ドイツでの学校生活の機会を与えてくれた元産経新聞論説委員の亡父・馬淵良俊
（そもそもその機会がなければ筆者は本書に示した考えを持つことすらなかった）

ラクレとは…la clef=フランス語で「鍵」の意味です。
情報が氾濫するいま、時代を読み解き指針を示す
「知識の鍵」を提供します。

中公新書ラクレ
717

ビジネスパーソンのための
「言語技術《げんごぎじゅつ》」超入門《ちょうにゅうもん》
プレゼン・レポート・交渉《こうしょう》の必勝法《ひっしょうほう》

2021年2月10日発行

著者……三森《さんもり》ゆりか

発行者……松田陽三
発行所……中央公論新社
〒100-8152 東京都千代田区大手町1-7-1
電話……販売 03-5299-1730　編集 03-5299-1870
URL http://www.chuko.co.jp/

本文印刷……三晃印刷
カバー印刷……大熊整美堂
製本……小泉製本

Published by CHUOKORON-SHINSHA, INC.
Printed in Japan　ISBN978-4-12-150717-4　C1236

中公新書ラクレ　好評既刊

L678
英語コンプレックス粉砕宣言
鳥飼玖美子＋齋藤　孝 著

日本人がなかなか払拭することのできない英語コンプレックス。中学・高校の六年間学んでも話せるようにならない絶望が、外国人と軽妙なパーティトークをできない焦りが、過剰な「ペラペラ幻想」を生んでいる。英語教育の現場をよく知る二人が、コンプレックスから自由になるための教育法・学習法を語り合う。とりあえず英語でコミュニケーションを取るための具体的な方策も伝授。黒船ショック以来、日本人に根付いた劣等感を乗り越える！

L699
たちどまって考える
ヤマザキマリ 著

パンデミックを前にあらゆるものが停滞し、動きを止めた世界。17歳でイタリアに渡り、キューバ、ブラジル、アメリカと、世界を渡り歩いてきた著者も強制停止となり、その結果「今たちどまることが、実は私たちには必要だったのかもしれない」という想いにたどり着いたという。混とんとする毎日のなか、それでも力強く生きていくために必要なものとは？　自分の頭で考え、自分の足でボーダーを超えて。あなただけの人生を進め！

L705
女子校礼讃
辛酸なめ子 著

辛酸なめ子が女子校の謎とその魅力にせまる！　あの名門校の秘密の風習や、女子校で生き抜くための処世術、気になる恋愛事情まで、知られざる真実をつまびらかにする。在校生へのインタビューや文化祭等校内イベントへの潜入記も充実した、女子校研究の集大成。読めば女子校育ちは「あるある」と頷き、そうでない人は「そうなの⁉」と驚き、受験生はモチベーションがアップすること間違いなし。令和よ、これが女子校だ！